KÖPFE DES 20. JAHRHUNDERTS

Franz Baumer

Arthur Schnitzler

COLLOQUIUM VERLAG BERLIN

KÖPFE DES 20. JAHRHUNDERTS
BAND 118

Vom selben Autor erschienen in dieser Reihe:

Band 10	Hermann Hesse
Band 18	Franz Kafka
Band 48	Ernst Jünger
Band 65	Pierre Teilhard de Chardin
Band 78	Otto Hahn
Band 85	Erich Maria Remarque
Band 102	Carl von Ossietzky
Band 108	Reinhold Schneider
Band 110	Christa Wolf

Eine Aufstellung aller Biographien
dieser Reihe befindet sich auf der letzten Seite
dieses Bandes.

Die Deutsche Bibliothek – CIP-Einheitsaufnahme

Baumer, Franz:
Arthur Schnitzler / Franz Baumer. – Berlin : Colloquium Verl.,
1992.
(Köpfe des 20. Jahrhunderts ; Bd. 118)
ISBN 3-7678-0804-8
NE: GT

Satz: IBV Satz- und Datentechnik GmbH, Berlin
Druck: Color-Druck Dorfi GmbH, Berlin
Einband: Verlagsbuchbinderei Dieter Mikolai, Berlin
Schrift: Linotype Garamond
Umschlagentwurf: Rudolf Hübler, Berlin
Foto: S. Fischer Verlag
Printed in Germany

Einkreisung

»Der Dichter ist Gestalter und Bewahrer aus innerer Notwendigkeit. In seinen schöpferischen Momenten ist ihm die ganze Welt Material für sein Werk.«

»Wer diese drei Unbegreiflichkeiten jemals völlig begreifen könnte: Daß er existiert, daß er gerade er selber ist und daß er einmal nicht war und einmal nicht sein wird.«

Arthur Schnitzler

Teenager der zwanziger Jahre lasen ihn heimlich, den berühmten Dramatiker und Erzähler, den prüde Borniertheit als wertezersetzenden Erotomanen diffamierte, seit sein *Reigen* über die Bühne ging. Die zehn Dialoge dieses Stückes, dessen Inhalt der ungeschminkte Sexus ist, die allen Gesellschaftsschichten gemeinsame Begierde und Gier nach dem Geschlechtsakt, diese am Rande des Obszönen sich bewegende Szenenfolge war sogar geeignet, von junger Mädchenblüte des gehobenen Wiener Bürgertums als sensationelle Aufklärungslektüre mit verteilten Rollen durchs Telefon gesprochen zu werden. Von dieser Form des literarischen Austausches zwischen Freundinnen berichtet jedenfalls Hilde Spiel in ihren Erinnerungen. Was zu Schnitzlers Zeit noch die Gemüter erhitzte, gehört heute längst zur erotischen Grundausstattung im Erfahrungsschatz Minderjähriger. Geblieben aber ist dennoch etwas vom Hautgout des Schlüpfrig-Lüsternen, vom Unmoralischen, das dem Dichter als Essenz seiner künstlerischen Existenz noch immer gern von denjenigen bescheinigt wird, die sein umfangreiches Werk kaum kennen. Wer dagegen Schnitzlers Meisterschaft in der Sprache, der Erzähltechnik, der naturalistischen Prägnanz, der psychologischen Einfühlung und der ironisch-skeptischen Zeitdiagnose zu schätzen weiß, wird eher mit Alfred Kerr übereinstimmen, der ihn, wenngleich nicht erschöpfend, als »österreichischen Maupassant« bezeichnete.

Bleiben wir noch beim *»Reigen«*. Die Cronique scandaleuse, welche dieses stilistisch bedeutsame Stück von Anfang an begleitete, hat die Schnitzler-Spezialistin Renate Wagner in ihrer großen Biographie eindrucksvoll dargestellt. Aus ihr ist nicht nur das Mißverstehen des Publikums der Jahrhundertwende und der zwanziger Jahre der Schnitzlerschen Thematik gegenüber abzulesen, sondern mehr noch die verkannte Position des Dichters innerhalb einer von Verdrängung, Heuchelei und Antisemitismus durchsetzten Gesellschaft. Man konnte und wollte im *Reigen* nicht das sehen, was er zumindest *auch* war: die illusionslose Bilanzierung einer ritualisierten Scheinmoral, deren längst abgestorbene Inhalte sich in den entscheidenden zwischenmenschlichen Beziehungen als bloße mechanische Triebbefriedigung isoliert bleibender Einzelwesen manifestierte. Wenn in diesem ›Einakter‹, der, wie Hartmut Scheible in seiner Schnitzler-Biographie bemerkt, gar nicht wörtlich genug zu nehmen ist, die verschiedensten Stände der Wiener Gesellschaft um die Jahrhundertwende in hemmungsloser Promiskuität Revue passieren – die Dirne und der Soldat, der junge Herr und die junge Frau, der Gatte und das süße Mädel, die Schauspielerin, der Dichter und der Graf –, so schwingt in diesem leichtfertigen Liebesreigen doch als tiefere Oktave auch der dunkle Ton des Zeitkritikers mit, und die Assoziation zu mittelalterlichen Totentänzen stellt sich ein. Liebe und Tod – es sind die Grundakkorde Arthur Schnitzlers. Von früh an schon durchziehen sie sein Werk. Wie sollte der dunkle der beiden gerade im *Reigen* fehlen?
Nun hat Thomas Mann den Gleichklang von Liebe und Tod in anderem Zusammenhang zwar einmal von der Warte des Humanisten aus als einen schlechten Reim bezeichnet. Doch gerade ihm, dem Meister in der Schilderung des Ambivalenten, Morbiden und des Untergangs, war die schicksalhafte Verflechtung von Liebe und Tod durchaus vertraut. Im Hinblick auf Schnitzler lohnt sich ein Nachschlagen in Thomas Manns *Lotte in Weimar*. In diesem Roman einer großen Liebe werden die »abweichenden Bildungen und das Monströse« als »höchst bedeutsam dem Freunde des Lebens« bezeichnet, denn: »Über die Norm belehrt das Pathologische vielleicht am tiefsten, und dir

ahnt zuweilen, als möchten von der Seite der Krankheit her die kühnsten Vorstöße ins Dunkel des Lebendigen zu vollbringen sein...«

Diese Ahnung war auch Schnitzler, dem Dichter und Arzt, bei seinen Vorstößen in das weite Land des Lebendigen nicht fremd. »Tod und Liebe« gehören für ihn zwar zu »den ewigen Problemen« (*Der Weg ins Freie*), doch reimte er sie keinesfalls nivellierend. Er stellte vielmehr die beiden Mächte einander gegenüber, um in der Konfrontation ihre eigenständige Gewalt noch zu steigern. Im *Reigen* wird das auf besonders subtile Weise deutlich. Wie könnte er sonst als umgekehrter ›Danse macabre‹ empfunden werden? Die Grundmelodie dieses skandalumwitterten Stückes offenbart sich bei genauerem Hineinhorchen als eine Komposition, in der auch Melancholie, Hypochondrie, Ängste, Zwangsvorstellungen und Todesgedanken, wie wir sie aus den Tagebuchaufzeichnungen des Autors kennen, als Stimmungsträger wirksam sind. Schnitzler, nach Joseph Roth »repräsentativ für eine Epoche, ein Land, eine Monarchie«, war einer aus der Familie der Übersensiblen. Alles, was an Dekadenz des Fin-de-siècle, aber auch als Vorankündigung künftiger Katastrophen in der Luft lag, findet sich als Niederschlag in seinem Werk.

»Ja – mein guter Hofreiter, die Seele... ist ein weites Land«, heißt es in der Tragikomödie *Das weite Land*. Dieses mittlerweile geflügelte Wort paßt auf den Autor selbst. Seine Seele – in einem Aphorismus nennt er sie seinen »Jardin secret«, seinen heimlichen Garten –, war von gleich unauslotbarer Qualität. Schnitzler konnte deshalb alle Niederungen der Comédie humaine durchwandern, einen Kult des »süßen Mädels« kreieren und gleichzeitig philosophisch fundierte Betrachtungen über den Menschen, die Psychoanalyse, die Einsamkeit, über Geist und Religion, Politik und Krieg anstellen oder fragen, ob es kein Ohr gäbe, »so fein, daß es die Seufzer der welkenden Rose zu hören vermochte?«

Wie jeder zum Künstler Berufene oder Verurteilte wurde Schnitzler vom nachgerade schmerzhaften Drang nach immer neuer Gestaltung des Lebendigen getrieben, ohne sich dabei die Rolle eines Zensors oder gar die des Propheten anzumaßen. Die

zeitlosen und zukunftweisenden Aspekte seines Werkes erschließen sich nicht auf den ersten Blick. Sie sind seinen Dramen und Erzählungen als Ergebnis eines von profunder Menschenkenntnis getragenen Verarbeitungsprozesses dessen, was Eigenschicksal, Zeitzugehörigkeit und Geschichte ist, mit eingeschrieben. Mit Heftigkeit wehrte er sich gegen seine Einstufung als Dichter der »versunkenen Welt«. In einem von ihm ansonsten gutgeheißenen Feuilleton in der *Neuen Rundschau* (anläßlich seines 60. Geburtstages am 15. Mai 1922) hatte Stefan Zweig dieses Wort erstmals auf den Freund bezogen verwendet. Zweieinhalb Jahre darauf, am 3. November 1924, schreibt Schnitzler an Jakob Wassermann: »Ob eine Welt abgetan ist, mag am Ende der Historiker entscheiden, ob sie angefault ist, der Ethiker, ob sie den Untergang verdient, – nun, sagen wir – der liebe Gott; unseres Amtes ist es, das Gegenwärtige zu bewahren, das Vergangene heraufzubeschwören und das Zukünftige – aber ich will nicht um des Rhythmus wegen eine Beiläufigkeit sagen.«
Noch sieben Jahre später, als sein Stück *Im Spiel der Sommerlüfte* im Deutschen Volkstheater in Wien uraufgeführt worden war, schreibt er an den amerikanischen Schnitzler-Forscher und -Übersetzer Otto P. Schinnerer: »Die Kritik war im großen und ganzen freundlich... Immerhin bekam ich immer wieder die versunkene Welt an den Kopf geschmissen und habe erfahren, daß es in Österreich nicht nur keine Leutnants, sondern offenbar auch keine Bildhauer, Schauspielerinnen, Gymnasiasten, Kapläne und Sommerlüfte gibt. Die Leute sind wahrhaftig von einer infernalischen Dummheit.«
Diese Dummheit sah der Autor auch hinter »dem politischen Faschingsrummel, den wir am Aschermittwoch Weltgeschichte zu nennen belieben« [*Aphorismen*] – offensichtlich eine unsterbliche Dummheit, die selbst nach den Erfahrungen des Ersten Weltkrieges keineswegs versunken war. In dem Brief an Wassermann heißt es: »Dieses Wort von der abgetanen oder versunkenen Welt – ach wie oft habe ich es in der letzten Zeit zu lesen bekommen – erinnert mich so sehr an jenes andere, von der großen Zeit, das ebenso suggestiv und ebenso trügerisch vor noch nicht einem Jahrzehnt unsere Ohren umschwirrt hat. Es war damals

keine große Zeit, und die angeblich versunkene und abgetane Welt ist genau so lebendig und vorhanden, als sie es jemals war... Eine gewisse soziale Umschichtung bei uns in höchst bescheidenem Maße – hat sich vielleicht vollzogen; aber wo ist in Wirklichkeit ein Zusammenbruch, wo andererseits eine Einkehr, wo die geringste Wandlung im ideellen Sinne zu bemerken?«

Schnitzler ist ein Mann von Zweiundfünfzig, als der Erste Weltkrieg ausbricht, und als er am 21. Oktober 1931 in Wien stirbt, sind es nur noch knapp sechseinhalb Jahre bis zur Einverleibung Österreichs durch Hitler-Deutschland. Die Schubkraft dieser Bewegung allerdings hatte er wie so viele, auch jüdische, Bürger und Großbürger unterschätzt. Was den alltäglichen Antisemitismus betraf, dessen psychologische Wurzeln ihn stets mehr als die politischen interessierten, so konnte er bereits im Wien seiner Zeit auf einen reichen Erfahrungsschatz zurückgreifen. In seinem fünfaktigen Drama *Professor Bernhardi*, dessen Ernst er durch die literarische Gattungsbezeichnung »Komödie« ironisierte, hat er den von Klerikalismus und Volkstümelei getragenen Antisemitismus als ein direkt davon Mitbetroffener noch vor dem Ersten Weltkrieg eindrucksvoll dargestellt. Er war es gewohnt, auch bei Vortragsreisen, etwa in Graz, Protestdemonstrationen gegen sich und sein Werk zu erleben, die nur durch eine damals noch demokratisch intakte Polizei aufgelöst werden konnten. Auch in der Tschechoslowakei sind Hakenkreuzler schon Mitte der zwanziger Jahre eifrig am Werk. Auf eine frühere Lesung in Teplitz anspielend, schreibt Schnitzler am 22. Februar 1926 dem Sohn Heinrich: »Wie hat sich die Atmosphäre seit 3,4 Jahren verschlechtert. Im Juni 22 konnte ich dort noch ungehindert lesen, und der einzige Hausschlüsselpfeifer wurde hinausgeworfen. Heute käme ich aus dem köstlichen Städtchen kaum lebendig heraus.«

In dieser nordböhmischen Kleinstadt am Rande des Erzgebirges hatte es aber auch Schnitzler-Verehrer gegeben, die ihn 1922 aufforderten, den *Reigen* zu lesen. Ein Jahr zuvor, am 1. Februar 1921, hatte das bereits 1896/97 verfaßte Stück seine Premiere in den Wiener Kammerspielen gehabt. Und schon begannen die Skandale und Verunglimpfungen. Zwischen »Nieder mit dem

Reigen« und »Pfui Judenpack«-Rufen fächert sich die Vielfalt der Ablehnung auf. Die Polizei muß einerseits gegen militante Demonstranten einschreiten und andererseits den Verkehr in der Theatergasse regeln, wo Menschentrauben die Vorverkaufskasse umlagern. Das Schaufenster einer Buchhandlung mit *Reigen*-Exemplaren fällt fanatisiertem Pöbel zum Opfer, kein Wunder, verlautet doch auch der ›Volksbund der Katholiken Österreichs‹, das christliche Volksempfinden werde durch das Schmutzstück eines jüdischen Autors verletzt, eine Meinung, die auch von den Bischöfen in ihrem fastenzeitlichen Hirtenbrief geteilt wird. Ähnlich kocht die arische Volksseele in Deutschland: Eine »geile, pornographische Literatur«, schreibt die *Reichspost*, kitzle schnaufenden Dickwänsten »mit ihrem weiblichen Anhange, der den Namen der deutschen Frau schändet... allabendlich ihre in wüstem Sinnentaumel erschlafften Nerven« auf. Und in der *Warnsdorfer Zeitung* aus Böhmen ist noch im Februar 1924, drei Jahre nach der Wiener Uraufführung, von dem »Schweineliteraten Arthur Schnitzler« die Rede, dessen *Reigen*-Aufführung schon einmal von einem Volkssturm vereitelt worden sei.

Das also war neben vielen Triumphen, die der Weltberühmte feiern durfte, die dissonante Begleitmusik seines Zeitalters. Er ertrug sie mit stoischer Gelassenheit. Hineingestellt in eine Epoche vielgesichtiger Wandlungen, blieb er sich als »Gestalter und Bewahrer aus innerer Notwendigkeit« stets selber treu. Vom Wiener Dandytum der Vorkriegsjahre unter dem greisen Vielvölkerstaatskaiser Franz Joseph I. und seiner Parole »Mir brauchen kane Genie, mir brauchen nur gute Untertanen«, über die gesamteuropäische Katastrophe des Ersten Weltkrieges bis zu den zwanziger Jahren, die man die »goldenen« nannte, wenngleich sie bereits den Keim der Barbarei in sich trugen, reicht der Kreis seiner Erfahrungen. Als freier Geist und Individualist hat er sich in ihm bewegt. Als ein vom Eros Ergriffener drängte es ihn, die ganze Welt zum Material seines literarischen Schaffens zu machen. Dabei ist unter dem antiken Gott nicht der des banalen Sinnesrausches zu verstehen, der seine Rechte allerdings auch zur Genüge geltend machte, sondern weit mehr jener Eros, den Phi-

losophen der Antike auch als »daimonion« zu erkennen glaubten, welcher die Seele des Menschen – dieses »weite Land« – das absolute Schöne erschauen läßt. Daß hierbei Sehnsucht mit im Spiel ist, dürfen wir unterstellen. Im Denken Schnitzlers spielt sie eine große Rolle. Dabei unterschied er selbst genau zwischen Eros und Erotik. In einem Aphorismus, der das »Geheimnis menschlicher Beziehungen« betrifft, heißt es: »Das Geheimnis liegt einzig im Eros (nicht im Erotischen), der daher als der oberste und weiteste Begriff zu gelten hat.« Die Parenthese in diesem Satz stammt von Schnitzler. Freilich hat er auch im Sinnlich-Erotischen wie kaum einer experimentiert. Das jüngst erschienene *Tagebuch 1893-1902* enthüllt seine alle Altersklassen und Gesellschaftskreise umfassenden Amouren. Als »ein ungeniertes Panorama sexueller Irrungen und Wirrungen« hat Wulf Petzoldt diese intimen Niederschriften in einer Buchbesprechung charakterisiert. Witzelnd vermerkt er dazu: »Wer nennt die Namen, kennt die Damen? Schnitzler macht's möglich. Sein ganz privater Reigen als Junggeselle reicht von Komtessen bis zu süßen Mädeln sonder Zahl. Der Wechsel von einem Bett ins nächste und auch übernächste erfolgt binnen 24 und noch weniger Stunden. Kein Wunder, daß der gelernte Arzt A. Sch. höllisch obachtgeben muß, daß es nicht zum Verkehrskollaps kommt.«
Dagegen aber beugt eine Numerierungsmethode bei gleichnamigen Gespielinnen vor. Der Fall einer jungen Frau wird herausgepickt, die »ganz fiebrisch« auf den Dichter ist, der über sie notiert: »seit 6 Wochen verheiratet, ungeliebter Mann, nebstbei imp. und ›unnatürlich‹«. Während einer Sommerfrische in Ischl trifft Schnitzler eine »sehr pikante Berlinerin«, Gattin eines Anwalts, über die er dem Tagebuch anvertraut: »In der Früh 2mal pfeifend an ihrem Zimmer vorbei – beim 2. Mal erschien sie – ich rasch hinein, sperre ab und nehme sie mir.« Der Autor also ein typischer Macho, ein nimmersatter Frauenheld und schreibender Casanova? Oder ein europäischer Vorläufer des derbnaiveren Befreiers des Sexus in Amerika, Henry Miller?
Der Schein trügt. Eher paßte auf Schnitzler, auch wenn er 1918 eine Erzählung über *Casanovas Heimfahrt* veröffentlichte, die im Grunde unglückliche Rolle eines Don Juan. ›Donjuanismus‹

als psychoanalytische Bezeichnung einer ewig ungestillten sinnlichen Leidenschaft, der in Wirklichkeit ein viel tieferes, allumfassendes Harmonie- und Glücksverlangen jenseits körperlich-triebhafter Sensationen zugrundeliegt. Doch auch dies ist nur ein Zug seines Wesens, der in den Selbstenthüllungen jener knapp zehn Jahre umfassenden Tagebuchaufzeichnungen überpointiert ins Auge springt. Da fällt es dann um so leichter, das Klischee vom bloßen Erotomanen wieder einmal aufzuwärmen. Wäre er das gewesen, hätte er seinem Gestaltungsdrang andere Bahnen gewiesen. So aber hat er allein schon als Dramatiker Zeichen gesetzt, die der deutschsprachigen Bühne durch die Fortschrittlichkeit seiner Thematik und Formgebung eine respektable Stellung innerhalb des europäischen Theaters verschaffte. Im Vergleich zu Frankreich etwa, so stellte Egon Friedell fest, hat er »das Sittenstück auf eine menschliche und künstlerische Höhe gehoben, wie sie die Franzosen nie erreicht haben«. Keiner von Schnitzlers Zeitgenossen beurteilte ihn klarsichtiger als Friedell, der in seiner geistreichen Kulturgeschichte über ihn schrieb: »Seine Wesen bestehen nicht nur aus einer oder zwei Seelen, sondern aus einem ganzen Gesellschaftsstaat von Seelen, die sich in unablässiger Verschiebung und Gegeneinanderbewegung befinden und dennoch stets ein gesetzmäßiges und symmetrisches Gebilde hervorbringen, ganz wie in einem Kaleidoskop. Und er hat, was hiermit eng zusammenhängt, den Mut und die Kraft besessen, in die geheimnisvolle Dunkelkammer des menschlichen Unterbewußtseins hinabzusteigen und dort jene bedeutsamen und widerspruchsvollen Verschränkungen, Rückbeziehungen und Polaritäten aufzuspüren, deren wissenschaftliche Entdekkung sich an den Namen Sigmund Freuds knüpft; er hat bereits zu einer Zeit, wo diese Lehren noch im Werden begriffen waren, die Psychoanalyse dramatisiert.«

Dabei ist Schnitzlers Werk, zu dem neben dem Drama auch Roman und Erzählung, Aphorismus, medizinische Aufsätze und Tagebuch gehören, so umfangreich, daß es dem Literaturwissenschaftler schwer fällt, es nach bestimmten Entwicklungslinien zu gliedern. Das gilt vor allem für die Chronologie; denn Schnitzler arbeitete fast immer an mehreren Dichtungen gleichzeitig, ließ verschiedene Stoffe jahrelang liegen, um sie dann wieder aufzugreifen und einzukreisen mit einem Geflecht neuer Formen und Gedanken, bevor sie in Nachbarschaft mit anderen oder ähnlichen Themen endlich vollendet wurden. Eines aber blieb dabei immer gleich: der Grundzug seines stolzen Charakters und seine darin gründende Weltanschauung. Als ›Bekenntnis‹, niedergelegt in den Aphorismen, hat Schnitzler sie bereits 1904 formuliert. Es heißt darin:

»Ich liebe mein Vaterland nicht, weil es mein Vaterland ist, sondern weil ich es schön finde. Ich habe Heimatgefühl, aber keinen Patriotismus. / Ich bin nicht stolz auf irgend jemanden, weil er der gleichen Rasse angehört. / Ich trete für niemanden ein, weil er zufällig derselben Familie entstammt wie ich. / Ich habe auch gewiß kein Standesbewußtsein und bin gar nicht beschämt, weil es auch unter den Dichtern Lumpen (und Heuchler) gibt. / Ich war niemals der Kamerad von irgendwem, weil er zufällig dieselbe Charge bekleidet hat, nie der Kollege von jemanden, weil er auf derselben Schulbank saß wie ich. / Ich liebe auch nicht die Menschheit als Ganzes; nur einige wenige einzelne Menschen. / Ich fühle mich mit niemandem solidarisch, weil er zufällig derselben Nation, demselben Stand, derselben Rasse, derselben Familie angehört wie ich. Es ist ausschließlich meine Sache, mit wem ich mich verwandt zu fühlen wünsche; ich anerkenne keine angeborene Verpflichtung in dieser Frage. Ich habe Mitbürger in jeder Nation, Kameraden in jedem Stand und Brüder, die keine Ahnung von meiner Existenz haben.«

Prägungen

Jugend in Wien – so ist Schnitzlers Autobiographie überschrieben, die er Ende Oktober 1918 begann und eineinviertel Jahre später beendete. Doch eine Mappe mit dem Plan zu einer Lebensbeschreibung in sieben Bänden geht bis ins Jahr 1901 zurück. Der damals noch nicht Vierzigjährige hatte bereits eine beachtliche Höhe auf der Leiter des Ruhms zurückgelegt, als es ihn zu dieser Selbstdarstellung drängte. Das für die Nachwelt bestimmte, aber erst mehr als drei Jahrzehnte nach dem Tode des Autors veröffentlichte vierhundertseitige Buch reicht von Schnitzlers Geburt im Mai 1862 bis zum Juni 1889 und umfaßt die ersten siebenundzwanzig Jahre eines fast siebzigjährigen Lebens. Es ist für diese Zeitspanne die wichtigste Quelle jedes Biographen. Der kritische Leser wird hier ein Fragezeichen setzen: Die autobiographische Niederschrift eines Dichters, der zudem keineswegs frei von Ruhmesliebe war, als Grundlage eines Essays über ihn? Bei Schnitzler ist das legitim. Wie jeder große Schriftsteller sieht er bei aller Selbstbezogenheit weit über sich hinaus. Der Meister tiefgründiger Charakterdarstellung unterwirft sich auch persönlich einer ungeschminkten Selbstanalyse. Bei der Lektüre seiner Erinnerungen bestätigt sich auf jeder Seite sein Vorsatz zu rückhaltloser Ehrlichkeit: »...ob ich von allen Niederträchtigkeiten berichten werde, deren ich mich schuldig weiß, oder nur von denjenigen, die ich auf irgend eine Weise zu beschönigen trachten kann«, heißt es einmal, »ich werde kein wissentlich unwahres Wort niederschreiben.« So erklärt Schnitzler zum Beispiel auch den *Anatol*, jenen salopp-witzigen Einakter-Zyklus über die Abenteuer eines jungen Wiener Lebemanns, als Niederschlag einer Epoche des eigenen Lebens und notiert: »Daß diese Atmosphäre nicht sehr rein und erquicklich war, erkenne ich nicht einmal so sehr an einzelnen Erlebnissen, ja an meiner ganzen Lebensführung in jener Periode, als vielmehr aus dem Ton meiner Tagebücher, der von Affektation und sogar von einer gewissen Geckerei sich keineswegs freizuhalten vermag.«

Streckenweise lesen Schnitzlers Jugenderinnerungen sich wie die Schilderung eines dekadenten Dandylebens der Wiener Gesellschaft des ausgehenden 19. Jahrhunderts, als Zeugnis einer blasierten Stutzerhaftigkeit, dessen selbstkritische Offenheit ihnen aber den Rang eines großen Bekenntnisbuches verleihen. *Jugend in Wien* ist aber auch, wie Schnitzlers Gesamtwerk, ein wichtiger Beitrag zur Zeit- und Sittengeschichte einer Umbruchsepoche der Donaumetropole, die den Autor entscheidend mit prägte. Sie ist für seinen Werdegang kaum weniger bedeutsam als die familiäre Herkunft – Phäno- und Genotyp halten sich da fast die Waage. Sowohl in der Umwelt wie aus der Herkunft traten dem Dichter Widerstände entgegen, an denen er wuchs.

»Zu Wien in der Praterstraße, damals Jägerzeile geheißen, im dritten Stockwerk des an das Hotel Europa grenzenden Hauses kam ich am 15. Mai 1862 zur Welt; und wenige Stunden später, mein Vater hat es mir oft erzählt, lag ich für eine Weile auf seinem Schreibtisch.« So beginnt die Autobiographie. Und Schnitzler fährt fort: »Ob mir diesen für einen Säugling immerhin ungewöhnlichen Aufenthalt die Hebamme oder mein Vater selbst zugewiesen hatte, weiß ich nicht mehr; – jedenfalls gab die Tatsache ihm immer wieder Anlaß zu einer naheliegenden scherzhaften Prophezeiung meiner schriftstellerischen Laufbahn, – eine Prophezeiung übrigens, deren Erfüllung er nur in bescheidenen Ausmaßen und keineswegs in ungeteilter Freude erleben sollte.«

Der Vater, Professor Dr. Johann Schnitzler, ein hochgeachteter Arzt und berühmter Laryngologe, Kehlkopfspezialist, war Mitbegründer und Direktor der Allgemeinen Wiener Poliklinik. Er starb, nicht ganz achtundfünfzigjährig, am 2. Mai 1893. Es fällt auf, daß er in den Erinnerungen des Sohnes einen breiteren Raum einnimmt, während von der Mutter, die noch mehr als achtzehn Jahre länger lebte, kaum die Rede ist. Erst am Totenbett im Kreise der Familie – die Mutter starb am 9. September 1911 im

Alter von vierundsiebzig Jahren – wurde Schnitzler sich schmerzlich seiner großen Liebe zu ihr bewußt. Bis dahin hatte er sich mehr und mehr von ihr entfernt. Sie sei zwar gleichermaßen voller Liebe zu ihm gewesen, bemerkt er in der Autobiographie, sonst aber »ohne wirkliche Seelenkenntnis, ebenso beweglichen, doch viel zerstreuteren Geistes wie mein Vater, in Urteilen und Stimmungen völlig sein Geschöpf«, und er hätte bei ihr, wenn er »dergleichen überhaupt jemals suchte, nie einen innerlichen Anhalt gefunden«.

Louise Schnitzler, die »Mama«: eine im Wiener Großbürgertum aufgewachsene Frau, die ganz der von ihr erwarteten Rolle der Repräsentantin eines wohlhabenden Hauses bourgeoisen Zuschnitts entsprach und sich in den damals gültigen Normen weiblicher Fügsamkeit und konventioneller Bildung bewegte, zu der auch das von ihr meisterhaft beherrschte Klavierspiel gehörte, das sie zuweilen mit dem ihr darin nicht nachstehenden Sohn vierhändig auf dem Flügel unter Beweis zu stellen pflegte. Dieses untergeordnete Rollenverständnis der Mutter ist für Schnitzlers ausgeprägt männliches Selbstwertgefühl und sein patriarchalisches Weltverständnis bedeutsam gewesen – bei all seiner ernsthaften Verehrung für Frauen, »die etwas Elementares sind wie die Erde«, eine Eigenschaft, unter der nicht wenige zu leiden hatten.

Doch bleiben wir zunächst beim Vater. Schnitzler schildert ihn als einen Mann von »wirklicher Herzensgüte«, wenn auch, ähnlich seinem eigenen Naturell, von zuweilen »aufbrausender Natur«, dem es bei aller Gutartigkeit aber nicht gegeben war, »sich vorurteilslos und geduldig in andere Seelen, und waren es auch die seiner nächsten Verwandten, zu versenken«. Der Sohn gewinnt zu ihm deshalb zeitweise zwar »das zärtlichste, doch immer nur ein sentimentales, nie ein innerlich gesichertes Verhältnis«.

Wie so viele Juden aus den Kronländern der Habsburger Monarchie hatte auch Schnitzlers Vater einen mühevollen Weg zum gesellschaftlichen Aufstieg hinter sich. Er stammte aus Groß-Kanizsa, einer Kleinstadt in Ungarn, und war der Sohn eines Tischlers, dem auf seinem Fach künstlerische Begabung nachgesagt

wurde, der sich aber »mit den Seinen zeitlebens in beschränkten, ja dürftigen Verhältnissen« befand. Seine Frau, Schnitzlers Großmutter, hieß Rosalie Klein und kam ebenfalls aus ärmlichen Verhältnissen, aus der Ortschaft Puszta Kovacsi im südwest-ungarischen Komitat Zala. An sie erinnert der Enkel sich nur als eine hagere, häßliche und krankhaft geizige Frau, nach deren Besuch in Wien man sich »ehrfurchtslose Bemerkungen« erlaubte.
In die Heimat des Vaters kam Schnitzler nur ein einziges Mal als Kind, und »ein Hof mit Hühnern, ein Bretterzaun, in dessen nächster Nähe die Eisenbahn vorbeilief, der in der Ferne verhallende Pfiff einer Lokomotive, das ist alles, was mir von jenem kurzen Aufenthalt im Gedächtnis verblieben ist«. Wohl aber erinnert er sich daran, was ein entfernter Verwandter ihm anvertraute, daß nämlich »mein Großvater Quartaltrinker« war, wahrscheinlich der Hauptschlüssel zu den »zerrütteten Vermögensverhältnissen der Familie«. Keine leichten Bedingungen für Schnitzlers Vater, sich aus diesem Milieu herauszuarbeiten. Doch schafft er das Gymnasium seiner Heimatstadt, vertieft sich in medizinische Lehrbücher, gelangt auf einem Leiterwagen nach viertägiger Rütteltour bis Budapest und beginnt dort sein Studium der Medizin. Durch Stundengeben hält er sich über Wasser. Das hatte er schon daheim gemacht, wo er – bereits als Bub ins Theater vernarrt – auch noch Theaterzettel austrug. Sogar an eigenen Dramen versucht er sich, was einen seiner Lehrer zu der Bemerkung veranlaßte: »Der Judenbub wird euch alle überflügeln. Das wird einmal der ungarische Shakespeare.«
Der Judenbub – tief graben solche Etikettierungen sich in der Psyche der Betroffenen ein. Als Schnitzlers Vater nach Wien kam, wo er 1860 zum Doktor der Medizin promovierte, gehörte er zu jenen ebenso armen wie fleißigen jüdischen Studenten, die sich ihr Studium durch Nebenverdienste finanzieren mußten und bereits unter einem latenten Antisemitismus zu leiden hatten, der dann in den siebziger und achtziger Jahren voll zum Ausbruch kam. Auch der große Chirurg Theodor Billroth hatte zu den Anheizern jener antisemitischen Bewegung unter den Wiener Ärzten gehört, die Arthur Schnitzler schließlich im *Professor Bernhardi* aufs Korn nahm. In seinem Studienhandbuch

von 1876 warnte Billroth zum Beispiel die Medizinstudenten vor ihren galizisch-jüdischen Kommilitonen, weil diese sich »als höchst rätselhafte Existenzen« auf unstandesgemäße Weise ihr Studium verdienten. Überhaupt, meinte der Professor, seien auch alle in Deutschland erzogenen Juden Fremdkörper, »selbst wenn sie schöner und besser in deutscher Sprache dichten und schreiben als manche Germanen von reinstem Wasser«. Zur Ehre Billroths sei aber auch gesagt, daß er zehn Jahre später, 1886, als Brotneid und Antisemitismus ihre politischen Intrigen gegen die Wiener Poliklinik und ihre jüdischen Ärzte richteten, in einer Fakultätssitzung der einzige gewesen ist, der sich für die Klinik, deren Leiter Schnitzlers Vater war, einsetzte.

Wir bleiben so ausführlich bei der väterlichen Welt, weil sie Schnitzler vielleicht mehr, als er selbst es wahrnahm, formte. Auch den Zugang in die Kreise des gehobenen jüdischen Bürgertums mußte der Vater sich erst durch Leistung verdienen. Als er am 2. Juni 1861 Louise Markbreiter heiratet, die Tochter des angesehenen und gutsituierten Arztes Dr. Philipp Markbreiter, macht er das, was man eine gute Partie nennt, die ihm, wie Renate Wagner schreibt, »seinen Schritt in den Erfolg und in ein wohletabliertes, assimiliertes Judentum höherer gesellschaftlicher Prägung entscheidend erleichtert«.

Gesellschaftlich ein sehr ungleiches Paar, verlief die Ehe der Eltern Schnitzlers aber in bester Harmonie. Verfolgen wir die mütterliche Linie noch ein wenig zurück, so stoßen wir auf einen Groß- oder Urgroßvater Markbreiter, der Hofjuwelier in Wien, Doktor der Medizin und Philosophie gewesen ist, »in früheren Jahren ein sehr gesuchter Praktischer Arzt«, dazu vortrefflicher Pianist, geistreich und von weltmännischer Liebenswürdigkeit, in späteren Jahren jedoch der Spielleidenschaft verfallen, von der auch Schnitzler nicht frei war. Die Großmutter mütterlicherseits war eine geborene Schey aus dem deutsch-ungarischen Güns, einem Städtchen nahe der niederösterreichischen Grenze, wo diese jüdische Familie hoch angesehen und ein Urgroßenkel Schnitzlers sogar baronisiert worden war. Die solide Wohlhabenheit der Scheys geht offensichtlich auf kaufmännisches Geschick zurück; Teile der Familie übersiedelten in die Großstadt, »das Geschlecht verzweigte sich weiter«, schreibt Schnitzler in der Autobiographie, »verschwägerte sich vielfach in oft vorteilhafter Weise; Bankiers, Offiziere, Gelehrte, Landwirte gehen aus ihm hervor, auch an Originalen fehlt es nicht, in denen der Typus des jüdischen Patriarchen und des Aristokraten, des Agenten und des Kavaliers sich eigenartig vermischen.«

Bei solcher Herkunft scheint Schnitzler geradezu prädestiniert, das »weite Land der Seele«, das er mit so hoher Meisterschaft anhand der Figuren seiner Dramen und Erzählungen zu interpretieren verstand, primär in sich selber zu entdecken. Aber auch Bedenkliches brachte ihm sein genetisches Erbe ein. Er selbst sieht Verwandte mütterlicherseits einmal »als lebendige Beispiele unaufhaltsam weiterwirkender Belastung in unserer Familie« und rechnet offensichtlich auch die eigenen, immer wiederkehrenden Anfälle von Schwermut und Todesbereitschaft dazu. Am jüngsten Bruder der Mutter etwa, der sich siebzehnjährig »angeblich aus Heimweh« erschoß, glaubt er, offenbare sich »zum erstenmal innerhalb der Markbreiterischen Nachkommenschaft die geistige Belastung in tragischer Einfachheit«, und das Bild eines »hypochondrischen, übersensiblen Menschen«, als welchen er sich selbst einmal bezeichnet, paßt in diesen Raster.

Die Karriere des Vaters, der zunächst von seinem Schwiegervater die Leitung der *Wiener Medizinischen Presse* übernahm, an der er schon als Student mitgearbeitet hatte, führte steil nach oben. Er galt bald als einer der fortschrittlichsten Fachärzte für Kehlkopferkrankungen, veröffentlichte zahlreiche wissenschaftliche Arbeiten, auch eine Geschichte der Laryngologie, wurde Dozent, Professor und Klinikdirektor, der in seiner Privatpraxis Patienten aus den höchsten Gesellschaftskreisen behandelte, aufgrund seiner ärztlichen Spezialisierung auch bekannte Sänger und Schauspieler. Sie verliehen dem gesellschaftlichen Leben im Hause Schnitzler ein Flair von Exotik und Bühnenluft. Zum 25. Promotionsjubiläum des Vaters führt Arthur Schnitzler, damals fünfundzwanzigjährig, im elterlichen Salon ein selbstverfaßtes Festspiel auf. Neben berühmten Bühnenkünstlern sind der Fürst Ferdinand von Koburg, der künftige König von Bulgarien, der spätere Botschafter in England Graf Mensdorff, der Domprobst und Politikkurator Marschall und die Fürstin Metternich zugegen – wahrhaft illustre Gäste im Hause des jüdischen Arztes, der aus so kleinen Verhältnissen kam.

Arthur Schnitzler ist der Erstgeborene der Familie. Ein Jahr nach ihm wurde Bruder Emil, der bald starb, geboren, 1865 Julius und als einzige Schwester 1867 Gisela. In einer von äußeren Sorgen ungetrübten Welt und einer Atmosphäre freigeistiger Toleranz und Liberalität wächst Schnitzler auf. Kindheit und Jugend aber fallen bereits in die Zeit des österreichischen Kulturkampfs. Es ist jene Zeit, in der Ludwig Anzengruber mit seinen aufklärerischen Volksstücken von der Bühne herab gegen Ultramontanismus und klerikales Zelotentum kämpft und, während der achtziger Jahre dann, die freiheitlich-kosmopolitischen Ideale von den Deutschnationalen und Christlichsozialen ins Abseits gedrängt werden. Selbst die letzten Bastionen liberalen Denkens aus der Erbschaft des Josephinismus fielen damals reaktionären Strömungen zum Opfer, so daß sich die Kaiserstadt bei all ihrem Theaterglanz und ihrem Reichtum an Kunst- und Geistesgrößen in den Netzen der Intoleranz, des Nationalismus und des Antisemitismus verfing.

Im elterlichen Hause dürfte diese Entwicklung zunächst kein Gesprächsstoff gewesen sein. Die Atmosphäre dort war so, daß, wie Schnitzler selbst es formulierte, »die Anerkennung für wichtiger galt als die Leistung und die Meinung der Welt höher gewertet wurde als die Selbsterkenntnis«. Auch dies wieder eine der kühlen Schnitzlerschen Strukturanalysen der eigenen Herkunft. Er wäre zu derart vorurteilsfreiem Denken aber wohl kaum gelangt, wenn der Grundstein dazu nicht doch in eben jenem Elternhaus gelegt worden wäre. Das begann schon bei der Unbefangenheit der Religion gegenüber. Sie spielte in der Familie keine Rolle, weder in Form einer Über-Assimilation zum Preise eines opportunen Religionswechsels noch im besonders starken Festhalten an den Traditionen und Geboten des mosaischen Glaubens. Was dem jungen Schnitzler vermittelt wurde, war viel eher der im deutschsprachigen Kulturraum kaum zum Tragen gekommene Geist der Aufklärung, wie ihn etwa Lessing

persönlich und in seinem Werk verkörperte. Eine solche Haltung ist fernab von Religionsfeindlichkeit. »Religionsfeinde?«, lesen wir in einem Aphorismus Schnitzlers: »Es ist, wie wenn man sagte: Unendlichkeitsfeinde, Ewigkeitsfeinde. Aber ihr meint ja mit Religionsfeinden doch nur die Feinde der Dogmatiker und der Pfaffen und ihr vergeßt, daß diese Leute mit der Religion, wie wir sie verstehen, überhaupt nicht das allergeringste zu tun haben. Es sind sozusagen subalterne Beamte der Gottheit.«
Schon als Gymnasiast – Schnitzler besuchte von 1871 bis 1879 das Akademische Gymnasium in Wien – war diese Gottheit Gegenstand seiner Überlegungen. Im letzten Schuljahr versuchte er sich sogar an einem Mönchsdrama mit dem Titel *Aegidius*, in das er alles hineinpackte, was ihm »über Dogma und Freiheit, freien Willen und Schicksal, Ewigkeit und Unsterblichkeit durch den Kopf gegangen war«. Der Neunzehnjährige stellt in diesem Stück in »Wiener Hofburgtheatralik« einen lebenshungrigen Mönch vor, »den ein dämonisches Weib zum Narren hält« – eine freilich nicht gerade fromme Geschichte, wie auch die Komödie *Vor der Welt* aus der gleichen Zeit, beides aber Zeugnisse einer frühen realistischen Beobachtungsgabe und Begeisterung für das dramatische Fach. Selbstbewußt denkt der Gymnasiast sich die Hauptpersonen seiner Stücke gleich mit den Künstlern des Burgtheaters besetzt und trägt deren Namen mit in seine Manuskripte ein. Doch viel früher schon verschrieb der Schüler sich der dramatischen Muse. Bereits im Tagebuch des Achtzehnjährigen finden sich nicht weniger als dreiundzwanzig beendete und dreizehn begonnene Dramen verzeichnet –, heute fast alle verloren. Die zum Teil fünfaktigen Tragödien und Historienstücke, Lust- und Trauerspiele, dramatischen und poetischen Märchen blieben das Geheimnis des jungen Schnitzler, der seine Werke Schulheften anvertraute, die er, wenn der Vater ins Zimmer kam, geschwind unter den Aufgabenheften verschwinden ließ. Zum öffentlichen Vortrag im Kreise der Familie oder vor Gästen dagegen war zuweilen Lyrik aus der kindlichen Gedichtsammlung bestimmt, die der junge Poet selbst mit der um Nachsicht werbenden Überschrift »Erstlinge« versah. Hierzu gehört zum Beispiel »Rom in Brand«, das dem Elfjährigen das Lob der Groß-

mutter »Ein zweiter Schiller!« einbrachte. Weitere Themen waren »Der glückliche Hirt«, »Ulysses und Achilles«, »Hektors Tod«, »Achilles' letzte Worte«, »Andromaches Trauer«, »Memnon« oder »Penthesilea« – vorwiegend mythologische Stoffe aus dem humanistischen Bildungskanon des Gymnasiums. Es ist ja auch noch mehr als ein Jahrhundert hin, bis etwa Christa Wolf in ihrer *Kassandra* den blutrünstigen Aspekt dieses klassischen Heldenkatalogs entlarvt und »Achill, das Vieh« entdeckt.

Bis zum dreizehnten Lebensjahr herrschen die theatralisch ergiebigen antiken Heroenthemen vor. Dann treten sie zurück, und es wagt sich »neben der Gefühls- eine Art von Gedankenlyrik« hervor, und, nicht zu vergessen, die ersten Huldigungsgedichte. Sie sind an Fanny gerichtet, an Schnitzlers blondes »Fännchen«. Diese ist die Tochter eines Kaufmanns aus dem gegenüberliegenden Haus in der Eschenbachgasse Nähe Opern- und Burgring, wohin die Eltern mittlerweile gezogen waren. Man kann Fännchen von einem Fenster dieser Wohnung aus sehen und ihr, auf einem Stuhl stehend, die ersten langen Hosen zeigen. Als sich bei einer Begegnung im Volksgarten herausstellt, daß die beiden Kinder gerade ihren dreizehnten Geburtstag gefeiert hatten, und zwar beide am gleichen Tag, dem 15. Mai, beschließen sie, »diesem Schicksalszeichen gehorsam«, sich »unverzüglich ineinander zu verlieben«. Man trifft sich an Sommerabenden im Volksgarten, wenn Arthur nicht gezwungen wird, den Vater auf ländliche Patientenbesuche zu begleiten, wechselt Briefe, versichert sich unverbrüchlicher Liebe, erduldet die Pein der Eifersucht und entwickelt »unter Verwendung von Fensterpolstern und Kerzen« eine vollendete »Fenstertelegraphie«, sehr zur Sorge der Eltern, die solches Verhalten skandalös finden.

Dabei ist diese erste Liebe ganz harmlos und nicht unter dem Aspekt der Frühreife zu sehen. Schnitzler selbst nimmt für sich im Unterschied dazu das Wort »Frühbildung« in Anspruch. Darunter ist eine vorwiegend an literarischer Weltdarstellung, an Dichtung und Phantasie sich orientierende Existenz zu verstehen, verbunden schon in frühen Jahren mit dem unwiderstehlichen Drang zum Schreiben und dem Bedürfnis, Erlebtes produktiv umzuschmelzen in die objektivierte Form von Sprache.

Gerade dadurch, meint der spätere Dichter, habe er sich »eine gewisse Unbewußtheit, Kindlichkeit und Unreife des Wesens länger erhalten, als es sonst der Fall zu sein pflegt; denn das bißchen Leben, das in meinen Gesichtskreis fiel, wurde sofort, ohne daß ich mich als Individuum damit abzufinden suchte, von dem produktiven Element meiner Natur aufgenommen, verarbeitet und abgetan«. Es ist aber das Merkmal zunehmender Reife, dieses »abgetane« Leben, das im Unbewußten jedoch weiterwirkt, der bewußten Erinnerung als Stoff zu weiterer Persönlichkeitsentfaltung zuzuführen, nicht zuletzt auch als ein wesentliches Element von Dichtung.

In die Zeit von Schnitzlers beginnender Jugendliebe, ins dreizehnte Lebensjahr, fällt – neben dem Fest der Bar-Mizwa, das auch in jüdischen Familien ohne Glaubensbindung zum Zeichen des religiös mündig gewordenen männlichen Juden gefeiert wurde – ein weiteres, bedeutsames Erlebnis: Erstmals erwacht im jungen Schnitzler »das Wort Tod aus seiner Buchstabenstarrheit«. Eines Nachts, anscheinend ohne äußeren Anlaß, überwältigt ihn schaudernd das Wissen um die Unerbittlichkeit des Todes. Es war eine Nacht, in der er, der Autobiographie zufolge, »in einem aus der Tiefe meiner Seele aufsteigendem Grauen vor dem Sterbenmüssen, das mir zum erstenmal in seiner ganzen Unentrinnbarkeit zum Bewußtsein kam, laut zu weinen begann...«

Man muß wohl bis in diese Frühzeit des Gymnasiasten zurückgehen, um jene Quellen aufzudecken, aus denen später eine Novelle wie *Sterben* geschrieben werden konnte, in der nicht nur Erfahrungen aus der ärztlichen Praxis des Autors ihren Niederschlag fanden, sondern mehr noch solche der eigenen inneren Welt.

Viel Zeit verbringt der junge Schnitzler mit Lesen. Reclam-Hefte der deutschen Erzieherin, der in der Autobiographie mehr als der Mutter gedacht wird, vermitteln die frühe Bekanntschaft mit Schiller, Lessing und Shakespeare. E. T. A. Hoffmann, Tieck, Jean Paul und Immermann kommen, auch durch die Schullektüre, als bevorzugte Autoren hinzu. Vor allem aber lernt er bald schon die »Bretter, die die Welt bedeuten« kennen. Eifrig besucht er nicht nur das ›Carl-Theater‹, in dessen Haus die Großeltern Markbreiter wohnen, sondern auch das ›Theater an der Wien‹, wo Raimund und Nestroy einst ihre Triumphe feierten und nun gerade die Ära der Operette beginnt, das ›Theater in der Josefstadt‹ und die dem gehobenen Bürgertum zugedachten heiligen Hallen des k. k. Hofburgtheaters. Die »Wiener Volksstückatmosphäre« nimmt ihn gefangen, sicher auch Anzengruber, auf dessen Sittendrama *Das vierte Gebot* er noch viele Jahre später in *Jugend in Wien* und im Roman *Der Weg ins Freie* anspielt. Man sitzt selbstverständlich standesgemäß in der Loge, und als der Vater einmal inmitten der Vorführung von Schauspielern aus den Kulissen heraus Grüße zugewunken bekommt, reißt das den Sohn keineswegs aus einer Illusion: »Ja, dieses kleine Erlebnis mag in all seiner Geringfügigkeit das Seine zu der Entwicklung jenes Grundmotivs vom Ineinanderfließen von Ernst und Spiel, Leben und Komödie, Wahrheit und Lüge beigetragen haben, das mich immer wieder, auch jenseits alles Theaters und aller Theaterei, ja über alle Kunst hinaus, bewegt und beschäftigt hat.«

Häufig ist der junge Schnitzler – ein Richard Wagner-Schwärmer – auch im Konzertsaal anzutreffen, während er zu Hause gern auf dem Flügel improvisiert und auf das Glück eines melodischen Einfalls hofft. Vor allem aber gefällt er sich im genialischen Rollenspiel des Dichters und glaubt sich, bei aller Nachdenklichkeit auch über die dunklen Seiten des Daseins, eine »epikureische Auffassung« des Lebens bescheinigen zu dürfen. Von den Klassenkameraden wird er »spöttisch Poeta laureatus genannt«. Als solcher erweist sich der Sechzehnjährige dann auch bei seinem ersten Bordellbesuch. In einem »noch ganz knabenhaft geschnittenen Anzug, Strohhut und Spazierstöckchen in der Hand«, sitzt er vor der nackt auf dem Diwan liegenden Schönen, um ihr aus einem eigens mitgebrachten Buch bestimmte Stellen vorzulesen, die seiner Ermahnung, sich doch einem anständigeren Berufszweig zuzuwenden, literarischen Nachdruck verleihen sollen. Ohne die ebenso gelangweilte wie belustigte Dame bekehrt zu haben, zieht er nach Hinterlassung zweier Gulden für nichterbrachte Leistung wieder ab. Das Geld hat er der Mutter durch

Vorspiegelung eines Bücherkaufs, Anton Gindelys Grundriß der Weltgeschichte, entlockt.

Trotz derlei ausgeprägter künstlerischer Neigungen und der pubertären Aufgeschlossenheit für den »Zauber der Weiblichkeit« besteht der Siebzehnjährige am 8. Juli 1879 mit Auszeichnung die Reifeprüfung.

Ein larmoyanter Kerl

Eine Zeit quälenden Suchens nach der eigenen Identität beginnt. Als Professor Dr. Johann Schnitzler vom 30. August bis 15. September 1879 zu einem Medizinerkongreß nach Amsterdam reist, nimmt er die Familie mit, und Arthur erhält den Auftrag, für die vom Vater geleitete *Wiener Medizinische Presse* einen Bericht zu schreiben. Dieser erscheint am 21. September unter dem Titel *Von Amsterdam nach Ymuiden: Reiseeindrücke*. Zum erstenmal sieht Schnitzler sich, wenn auch ohne Namensnennung, gedruckt! Gleich nach der Hollandreise hatte er sich an der medizinischen Fakultät der Wiener Universität immatrikuliert und im Juli des folgenden Jahres mit einem Monatssalär von 20 Gulden zum Korrektor der väterlichen Zeitschrift bestellen lassen. Seinen musischen Neigungen steht sowohl diese Arbeit wie das Studium der Medizin entgegen. Dies um so mehr, als von der Naturwissenschaft und ihrem damaligen Positivismus keine Antworten auf die Fragen eines jungen Menschen seiner Veranlagung zu erwarten waren. Doch auch »der Gedanke, jemals Schriftsteller zu werden«, liegt bei aller früh geübten Literatenpose noch lange Zeit fern; denn »schon durch das väterliche Beispiel und Vorbild war mir eine ärztliche Laufbahn in jenen jungen Jahren als unausweichlich und hoffnungsvoll vorgezeichnet«.

Ein eifriger Medizinstudent sollte er aber nie werden. Selbst die Koryphäen auf den Wiener Lehrstühlen vermochten ihn nicht zu beeindrucken. Tagebucheintragungen des Siebzehn- und Achtzehnjährigen bezeugen es: *27. Oktober 1879*: »Ich fühl' es schon, die Wissenschaft wird mir nie das werden, was mir die Kunst schon jetzt ist.« *2. Januar 1880*: »Oh ich fühls – ich bin kein Mensch, der zum Studium taugt. Wenn ich nur so sehr Künstler wäre, als ich Künstlernatur bin. Aber in ein paar Jahren werde ich vielleicht auf dem Punkt stehen, wo ich einsehe, daß ich nicht zu diesem nicht zu jenem tauge –, und meine Zukunft wird sein: ein mittelmäßiger Arzt zu werden!« *17. Mai 1880*: »Ich bin mir selbst zuwider. – Mein Gemüt geht leer aus – oder was im Gemüt ist, drängt sich krankhaft vor.« Schließlich, tags darauf: »Ich bin ein larmoyanter Kerl mit 18 Jahren.«

Dem Weltschmerz zuweilen genußvoll hingegeben, drängt es ihn, den inneren Zwiespalt dichterisch zu verarbeiten. Er wälzt Stoffpläne zu einem Drama »Die Unzufriedenen« im Kopf, das einer seiner Kaffeehausfreunde ihm wieder ausredet, und schreibt Gedichte, die kritischer Beurteilung kaum standhalten, wenngleich der *Freie Landesbote* in München am 13. November 1880 sein *Liebeslied der Ballerine* abdruckt, Schnitzlers erste literarische Veröffentlichung. Bei Tanzstunden, die seit November 1879 auf dem Programm stehen, trifft er regelmäßig Fännchen, die ihm aber über seine Gefühlsschwankungen nicht hinweghelfen kann. Dem akademischen Konservativismus gegenüber, einem Spiegelbild jenes privilegierten Standes, dem er selber angehört, gibt er sich betont nachlässig-bohemienhaft. »Rembrandthut, flatternde Krawatte, lange Haare« gehören zum Image des Unangepaßten, der durch solche Attribute seines Äußeren sein Anderssein betont. Als ihm bei der ersten anatomischen Lehrveranstaltung, am 5. November 1879, der Schock der Konfrontation mit einer menschlichen Leiche widerfährt, versucht er ihn durch die Skizze *Eine Frühlingsnacht im Seziersaal* verharmlosend literarisch aufzufangen. Was der Siebzehnjährige darin noch als unreifen Bewältigungsversuch wiedergibt, wird ein zentrales Thema im späteren Werk des Dichters.

Im Schauspiel *Der einsame Weg* (1904) antwortet Herr von Sala auf die Frage, warum er vom Sterben rede: »Gibt es einen anständigen Menschen, der in irgend einer guten Stunde in tiefster Seele an etwas anderes denkt?«

Schnitzler, der Melancholiker – er war es schon als Medizinstudent. Wahrscheinlich hat – ganz abgesehen vom Seziersaalerlebnis – auch die weltberühmte ›Wiener Schule‹ trotz all ihrer positiv stimulierenden Therapieerfolge, die sie gegenüber der spekulativen Medizin der Romantik zunächst aufzuweisen hatte, durch ihr wissenschaftsmaterialistisches Konzept und ihren leblos-starren Pragmatismus in Schnitzler das erschreckende Todesbewußtsein aus der Schülerzeit bestätigt und weiter vertieft. Ein Pendant dazu konnte ein sensibler Geist auch in jener makabren Atmosphäre der Kaiserstadt empfinden, wie sie sich – lange vor der vielzitierten ›Wiener Dekadenz‹ – in der Todesgloriole ihres Bestattungskults manifestiert. Noch heute übrigens wird ein tief unter der Erde befindlicher Teil des Archivs der Universitätsbibliothek analog der Totengrüfte der Hofburg oder der Michaelerkirche als »Sarg« bezeichnet. In ihm lagerten neben anderen Wertgegenständen aus der Nazizeit ganze Bibliotheken aus ehemals jüdischem Besitz, darunter auch die von Schnitzlers Erben. Und immer noch finden sich in diesem Büchersarg der Zeitgeschichte herrenlose Exemplare mit Widmungen an Arthur Schnitzler.

Nie ist Wien nur die Stadt der Walzerkönige, Heurigenseligkeit und amourösen Abenteuer zur Zeit der Fliederblüte gewesen; seit dem 18. Jahrhundert aber, seit den Siegen Prinz Eugens über die Türkenheere, die des Caféhauses. Im berühmten Café ›Central‹, später auch im ›Griensteidl‹, ebenfalls einem Treffpunkt von Literaten, Journalisten und Dichtern, unter ihnen auch der zwölf Jahre jüngere Schnitzler-Freund Hugo von Hofmannsthal, verbringt der Student »gar viele Stunden mit Zeitungslektüre, Billard, Domino, seltener mit Schachspiel«, und die »Freunderl«, die er dort trifft, sind nicht immer nach dem Geschmack des Vaters. Zu den Kommilitonen, mit denen er in den ersten Studienjahren in Hörsälen und Laboratorien »mehr zu plaudern als zu hören und zu arbeiten pflegte«, gehört auch der Sohn des tauben und fast blinden österreichischen Dichters Hieronymus Lorm, jenes Satirikers und Kritikers vormärzlicher Repression, der dreieinhalb Jahrzehnte früher an Adalbert Stifter geschrieben hatte, dieser wäre durch seine Erzählung *Brigitta* »zu den Tiefen gelangt, wo der Mensch seine Ewigkeit entdeckt«. Die Erinnerung an Stifter drängt sich auf, weil auch er einen schweren Selbstfindungsprozeß durchlebte und während seiner Wiener Studienjahre ein eifriger Caféhaus-Besucher war, freilich nicht des Billardspiels, sondern der Gelegenheit wegen, im ›Silbernen Caféhaus‹ den literarischen Größen seiner Zeit näher zu kommen: Franz Grillparzer, Nikolaus Lenau, Anastasius Grün oder den Bühnenautoren Eduard von Bauernfeld und Ignaz Castelli. Die Donaumetropole als Zentrum deutscher Literatur: auch solche Traditionen befruchteten als geistiges Klima die Welt Arthur Schnitzlers.

Zu den eigenen Tiefen ist er als Student allerdings erst noch unterwegs. Doch mehr als das Medizinstudium interessieren ihn schon jetzt die »sogenannten ewigen Fragen«, das »Ding an sich« der Philosophen und die profan-realistische »Leben Jesu«-Darstellung des bretonischen Schriftstellers und Religionshistorikers Ernest Renan. Er hält sich nun für einen ausgemachten Materialisten und Atheisten. Viel später erst wird er feststellen, daß es Materialismus und Atheismus »im eigentlichen Wortsinn gar nicht geben kann, und daß jenseits der Grenzen, wo der denkende Mensch sein – je nach Temperament und Laune – gleichgültiges, wehmütiges, klagendes oder erbittertes Ignorabimus gefühlt oder gesprochen hat, Geschwätz, Salbaderei, Schwindel oder Wahnsinn anhebt«.

Der noch nicht Zwanzigjährige zeigt einen ausgeprägten »Widerwillen gegen Zelotismus und Pfaffenwesen«, eine Einstellung, die auf dem Hintergrund des Wiener Kulturkampfes mit seiner wachsenden klerikal-reaktionären Intoleranz zu sehen ist. Er plant ein Referat mit dem Titel »Wie die Welt von Jugend auf zur Dummheit erzogen wird« und ist sich darüber im klaren: »Gäbe es einen Gott, so wäre die Art, wie er von den Gläubigen verehrt wird, Gotteslästerung.« Oft reagiert er mit Trotz, Empfindlichkeit und Nervosität auf seine Umwelt. Im Unterschied zu seinen armen jüdischen Kommilitonen aus Ungarn, Böhmen und Mähren vertrödelt der verwöhnte Professorensohn, wenn auch mit schlechtem Gewissen, seine Zeit. Wiederholt vermerkt er im Tagebuch »verzehrende Langeweile«. Diese ganze Periode ist Ausdruck eines tiefen Unbehagens in Verbindung mit einer inneren Unsicherheit während des Strebens nach Selbstfindung.

Trotzdem besteht er im Sommer 1882 sein erstes Rigorosum.

Zugleich beginnt mit dem 20. Geburtstag ein einschneidender Lebensabschnitt. Schnitzler vernichtet zunächst alle bisher geschriebenen Tagebücher, »dies allerdings nicht«, wie er sein Au-

todafé in den Jugenderinnerungen selbstironisch kommentiert, »ohne mir vorher die wesentlichsten Stellen daraus sorgfältig auszuschreiben«. Dann meldet er sich, am 1. Oktober 1882, im Wiener Garnisonsspital Nr. 1 als Einjährig-Freiwilliger. Es ist dies die übliche Form für Absolventen höherer Schulen, ihren Wehrdienst abzuleisten. Er gehört nun zum Corps der militärärztlichen Eleven, einer Truppe, um deren soldatisches Renommee es nicht gerade zum besten bestellt ist. Auch Schnitzlers Begeisterung hält sich in Grenzen. Schon als Achtzehnjähriger hatte er über die »politische Notwendigkeit« des Militärs seine wohlbegründeten Zweifel. Am 28. April 1880 schrieb er ins Tagebuch: »Die sog. pol. Notwendigkeit ist aktenmäßig systematisierte Habsucht und Betrug. Am allermeisten wird das eigene Volk betrogen – um sein Blut, seine Söhne, sein Glück. Aller Militarismus ist mir in tiefinnerster Seele zuwider.«
Dem »Zauber der Montur« allerdings vermag er sich dann doch nicht ganz zu entziehen. Kaum verwunderlich, übt doch die schneidige Uniform unwiderstehlichen Reiz auf die holde Weiblichkeit aus. »Ja, warum sagt Ihr einem denn das nicht...«, beschwert sich später in *Liebelei* (1895) die Schlager-Mizi bei einem jungen Herrn, dessen zivile Bedeutungslosigkeit gleich einen anderen Rang erhält, als sie erfährt, auch er sei beim Militär. Sich der Wirkung der militärischen Montur als Aphrodisiakum bewußt, setzt auch der junge Schnitzler sie bei Frauen ein: »Kaum war ich in die Uniform geschlüpft – als hätte ich oder mein Schicksal nur ein banales Stichwort abgewartet –, fing ich bewußter an, auf das auszugehen, was man mit einem allzu heroischen Wort Eroberungen zu nennen pflegt.«
Von jetzt an verfliegen im Tagebuch die Klagen über Langeweile, an ihre Stelle treten Auflistungen von Frauennamen. Freilich gibt es immer noch das Fännchen, aber diese Jugendliebe war doch bei allem Küssen und Kosen nicht frei von Frustration. Wie hätte ein Bürgermädchen innerhalb der ihr auferlegten Konventionen sie auch verhindern können, ohne seinen guten Ruf zu vernichten? Eine »Else von K.« scheint es gewesen zu sein, mit der Schnitzler sich zum erstenmal die doppelbödige Moral seiner Zeit voll zu eigen machte. »Sie ward mein«, schreibt er am 15. Ja-

nuar 1883 ins Tagebuch. In der Autobiographie wird ihr Name dann als Else von Kolsch entschlüsselt, eine im Familienverband eines Wiener Freundes lebende, offensichtlich schon etwas ältere Frau, die »eben noch hübsch« war und einer verarmten polnischen Adelsfamilie entstammte. Im weiteren aber entdeckt er jetzt das »süße Mädel«. In seiner Dichtung wird es später immer wiederkehren, wenn auch bei weitem nicht alle Frauen in Schnitzlers Privatleben und in seinem Werk mit diesem Etikett zu belegen sind. Dieses »süße Mädel«, das dem Wiener Theater schon von Nestroy geschenkt worden war, ist ein Geschöpf der Vorstadt. Man sollte sich daran erinnern, daß seine französische Entsprechung, die Grisette, schon in ihrem Namen, der mit »Graurock« zu übersetzen ist, die Armut zum Ausdruck bringt, mit der diese Näherinnen, Putzmacherinnen, Kassiererinnen, Hausangestellten und anderen Unterprivilegierten im Dienst ihrer Herrschaften behaftet sind, aus der heraus sie, um wenigstens einen Widerschein vom Glück der großen Welt zu erhaschen, zu leichtfertigen Mädchen geworden sind.

Schnitzlers *Liebelei*, dieser Dreiakter mit dem »süßen Mädel«, hatte ursprünglich den Titel »Das arme Mädel« gehabt, worauf Renate Wagner hinweist, die treffend über diesen Mädchentypus schreibt: »Dieses ›süße Mädl‹ ist poetischer als alle Gedichte aus Schnitzlers Feder, es hat den Zauber, den Duft, der sein Werk so reizvoll macht, und den Mangel, so berückend zu sein, daß das Atmosphärische die harte Realität überdeckt, die in dieser Figur steckt.« An das »eigentliche Urbild des süßen Mädels« hat Schnitzler sich noch in seiner Autobiographie erinnert. Von ihr, einer gewissen Anni, die er beim Walzertanzen in den Drei-Engel-Sälen kennenlernte, schwärmt der Zwanzigjährige am 26. März 1883 in seinem Tagebuch: »Eine schmiegsame, weiche, schlanke Gestalt – ein köstlicher flaumiger Hals, den ich unglaublich gern küsse – ein charmantes Köpfchen mit reichlichem blonden Haar, das vorn ziemlich gekräuselt in die Stirn fällt... Dunkle Augenbrauen über blaugrünen Augen – über die sich in den süßesten Momenten die Augenlider in lieblicher Müdigkeit schließen – und Lippen voll Wärme und Leben – und so weiter. – Und Geist? Natürlich keinen. Dafür der echteste Mutterwitz –

freilich nicht mehr – Aber – ich küsse ja nicht ihren Verstand.« Man sieht, der militärärztliche Eleve hat trotz Kasernendienst noch viel Zeit. Vor allem aber gefällt er sich als angehender Lebemann, der im anderen Geschlecht kaum etwas mehr als das wie in einem Warenkatalog geschilderte Objekt seiner Lustbefriedigung sieht. Er wird diese Haltung noch überwinden, nachdem er ihre ganze Kläglichkeit in den sieben Gesprächsskizzen des *Anatol* (1893) dargestellt und durch literarische Gestaltung gleichsam in sich selber bewältigt hat.

Während der Militärzeit nimmt er Fechtunterricht und lernt Reiten, wenngleich er für sich, wie er sich erinnert, »die nicht sehr ehrenvolle Bezeichnung eines Sonntagsreiters doch immer noch eher als Schmeichel- wie als Spottwort« in Anspruch nehmen durfte. Weiter treibt er, »jungen Damen zuliebe«, etwas Eislauf und läßt als den einzigen Sport, an dem »ohne jeden Nebensinn« sein »Herz beteiligt« ist, das Tanzen gelten. Bedenklich viel Zeit opfert er einer sich nun einstellenden Leidenschaft, zu der Großvater Markbreiter die Anlagen geliefert haben dürfte: dem Wetten beim Pferderennen. »Das Rennen spielt eine bedeutende Rolle in meinem Leben«, notiert er unter dem Abschnitt »Zu Snobismus« in den autobiographischen Aufzeichnungen. Wenn er beim Hürdenrennen oder Steeplechase Spielerglück hat, so bedeutet der Gewinn »Havannazigarren und ein Souper bei Leidinger und einen Fiaker, einen Orchestersitz im Wiener Theater erste Reihe und eine köstliche Krawatte und – vor allem einen Fond für das nächste Mal. Das blieb das Wichtigste.« Beim Derby im Wiener Prater genießt er die »ganz wunderbare Atmosphäre von Leichtigkeit, Eleganz und Spiel...«. Rückblickend erkennt Schnitzler, daß in dieser Lebensperiode »meine künstlerischen Ambitionen den mondänen gegenüber fast zurücktraten, bis mein Verstand und meine Selbsterkenntnis mir den richtigen Weg wiesen«. Vollkommen geheilt aber wurde sein Snobismus schließlich durch alle die Snobs selbst, denen er im Laufe der Zeit begegnete.

Im Oktober 1883, nach bestandener Offiziersprüfung, zieht Schnitzler wieder Zivil an, um an der Universität sein Medizinstudium fortzusetzen. Er tut dies nun mit mehr Energie als in den ersten Semestern, wenn auch nicht ohne inneren Widerstand. Zu den Kapazitäten, deren Vorlesungen er besucht, gehören unter anderen der Ophtalmologe Karl Stellwag von Carion, der Chirurg Theodor Billroth und der Psychiater Theodor Meynert, der das »Interesse für Nerven- und Geisteskrankheiten« in ihm weckt. Hinzu kommt das Thema »Genie und Wahnsinn« mit der Frage nach den Zusammenhängen von Wahnsinn und Dichtung. Die 1889 veröffentlichte Erzählung *Mein Freund Ypsilon* ist eine spätere Widerspiegelung dieser Studien. Hartmut Scheible macht auf die ungewöhnliche Perspektive aufmerksam, mit der Schnitzler sehr bald schon seelische Erkrankungen aus dem sozialen Umfeld heraus mit zu verstehen sucht. Er war gerade vierzehn Tage Sekundararzt bei Meynert, als er am 12. November 1886 an Olga Waissnix, die er im Frühjahr erst in Meran kennengelernt hatte, schrieb: »Die Ödigkeit der Existenz jagt die armen Teufel in die Schnapsboutique... und dann jagt sie der Schnaps in den Irrsinn – zu uns.« In der Beziehung zu Olga Waissnix, der sensiblen und gebildeten Wirtin des später oft besuchten ›Thalhofes‹ in Reichenau bei Wien, kündigt sich bereits eine reifere Haltung Schnitzlers gegenüber Frauen an als noch während der Militärzeit. Die platonisch gebliebene Liebe zu dieser verheirateten Frau sollte bald »das Süßeste und Traurigste, was mein Herz bisher ausgestanden«, werden.

Doch zurück zu den Universitätsjahren. In ihnen kommt Schnitzler auch mit einem gesellschaftspolitischen Phänomen von großer Bedeutung in Berührung: der Judenfrage und dem Antisemitismus. Das war neu. »Im Gymnasium kaum Spuren« davon, lesen wir in den autobiographischen Notizen. Lediglich einen »Judenfresser« gab es unter den Schülern, der ihnen aber »lächerlich erschien«. Schnitzler charakterisiert ihn mit dem einen Satz: »Er war höchst elegant, vom Schulgeld befreit, dumm und ist heute Hofrat.«

An der Universität dagegen gewannen die deutschnationalen Couleurstudenten wachsenden Einfluß, wenn es auch noch über ein Jahrzehnt dauern sollte, bis es 1896 zum Beschluß des ›Waidhofer Verbandes der wehrhaften Vereine Deutscher Studenten in der Ostmark‹ kam, durch den die jüdischen Studenten auf erniedrigende Weise diskriminiert wurden. Man sprach ihnen grundsätzlich die Satisfaktionsfähigkeit ab und drückte sie, gemessen an den herrschenden, wenn auch noch so sehr vom Standesdünkel geprägten, Ehrbegriffen auf einen Pariastatus herab. Schnitzler sah in den ›Waidhofer Beschlüssen‹ eine Reaktion der um ihre Privilegien fürchtenden Deutschnationalen gegenüber jenen jüdischen Studenten, »die Unverschämtheiten und Beleidigungen«, die ihnen zugefügt wurden, nicht länger mehr hinzunehmen gesonnen waren und sich darum »zu besonders tüchtigen und gefährlichen Fechtern entwickelt« hatten. Er erlebt an der Wiener Universität im Sinne des Wortes »hautnah« den sich langsam, aber nicht weniger bedrohlich aufschaukelnden Antisemitismus. So erinnert er sich etwa an Theodor Herzl, den Begründer des Zionismus, den er selbst noch als Angehörigen einer deutschnationalen Burschenschaft »in Reih und Glied mit seinen Couleurbrüdern umherspazieren sah«, mit blauer Mütze und schwarzem Stock, in dessen Elfenbeingriff »das F. V. C. (Floriat Vivat Crescat) eingraviert war«, bis man ihn, den Juden, aus der Verbindung ausstieß, ihn »schaßte«. Schnitzler, der selber nie Farben trug, glaubte, daß dies »zweifellos der erste Anlaß« gewesen sei, »der den deutschnationalen Studenten und Wortführer in der Akademischen Redehalle (wo wir einander, ohne uns noch persönlich zu kennen, an einem Versammlungsabend spöttisch fixiert hatten) zu dem vielleicht mehr begeisterten als überzeugten Zionisten wandelte, als der er im Gedächtnis der Nachwelt weiterlebt«.

Eine nationalistische Lösung der Judenfrage in Palästina hatte, analog der italienischen Einigungsbewegung, bereits der deutsche, zunächst assimilatorisch gesonnene, Moses Hess propagiert, dessen Werk *Rom und Jerusalem* im Geburtsjahr Schnitzlers, 1862, erschienen war. Schnitzler selbst wußte mit der Idee des Zionismus nichts anzufangen. Er hatte den Antisemitismus in seiner irrationalen Wucht und mörderischen Auswirkung auch nicht mehr zu erleben brauchen. Wohl aber wurde ihm, dem jedwede Zugehörigkeit der Rasse wie der Nation und Familie so durchaus gleichgültig war, während seiner Studienjahre schmerzlich bewußt, als Jude vor der nichtjüdischen Majorität

stets das Falsche zu tun: »Man hatte die Wahl, für unempfindlich, zudringlich, frech oder für empfindlich, schüchtern, verfolgungswahnsinnig zu gelten. Und wenn man auch seine innere und äußere Haltung so weit bewahrte, daß man weder das eine noch das andere zeigte, ganz unberührt zu bleiben war so unmöglich, als etwa ein Mensch gleichgültig bleiben könnte, der sich zwar die Haut anaesthesieren ließe, aber mit wachen und offenen Augen zusehen muß, wie unreine Messer sie ritzen, ja schneiden, bis das Blut kommt« [Autobiographische Notizen].
Alle diese geistigen und charakterlichen Unreinheiten des Antisemitismus und der deutschnationalen Couleurstudenten hat Schnitzler später im *Professor Bernhardi* in die Figur Hochroitzpointer, des Kandidaten der Medizin, hineingelegt. Das als Komödie aufgefaßte menschliche Trauerspiel wurde fast drei Jahrzehnte nach Schnitzlers Studentenzeit, am 28. November 1912, am Kleinen Theater in Berlin uraufgeführt. Die Wurzeln dieser »Komödie« aber liegen im Wien der 1880er Jahre.
Kehren wir zu dieser Zeit zurück, so treffen wir auf einen jungen Mann, der sich unter dem Zwiespalt der Gefühle zu einem Durchhalten seines Studiums zwingt und dessen »Abneigung gegen die Medizin« sich auch in den letzten Semestern keinesfalls verringerte. Eine »schändliche Hypochondrie« schreibt er sich am 7. Mai 1885 im Tagebuch zu, und Schuld daran sei »dies jämmerliche Studium, jämmerlich in Beziehung auf das, wo es hinweist und was es zeigt...«
Nachdem er am 28. Mai sein drittes und letztes theoretisches Rigorosum bestanden hat – ein halbes Jahr zuvor sein zweites sogar »mit zum Teil ausgezeichnetem Erfolg« –, vertraut er dem Tagebuch an, er habe mit seinem Medizinstudium »ethisch einen Blödsinn begangen«. Zwei Tage nach diesem Eingeständnis, am 30. Mai 1885, promoviert er zum Doktor der gesamten Heilkunde. Er ist gerade Dreiundzwanzig.
Den »larmoyanten Kerl« in sich hat er überwunden. Aber ein weiter Weg der Selbstfindung liegt noch vor ihm. »Warte, Kerl, ich muß dir noch auf den Grund kommen«, ruft er sich ermunternd zu, bevor er als Dr. med. Arthur Schnitzler die Universität verläßt.

Arzt oder Poet?

Nach seiner »Doktorreise«, die ihn zusammen mit einem Freund an die oberitalienischen Seen und nach Mailand führt, finden wir Schnitzler im September 1885 als Assistenzarzt am Wiener Allgemeinen Krankenhaus und in der Poliklinik. Man kann ihn nicht gerade als einen begeisterten Jünger Äskulaps bezeichnen, doch seine ärztlichen Pflichten, auch gelegentliche Vertretungen der väterlichen Privatpraxis, nimmt er gewissenhaft wahr. Zeit für amouröse Abenteuer, für Caféhaus, Konzert- und Theaterbesuche, bleibt immerhin noch genug, um in distanzierender Umverwandlung libidinöser Erlebnisse und sensibel aufgenommener Kunsteindrücke der literarischen Eigenproduktion zu dienen.

Am 1. November 1886 tritt er als Sekundararzt in der psychiatrischen Klinik bei dem schon erwähnten Theodor Meynert an, einem führenden Neurologen seiner Zeit. Nervenheilkunde war eher dazu angetan, sein wissenschaftliches Interesse zu aktivieren. Das Problem psychischer Belastung, hysterischer und selbstzerstörerischer Phänomene war ein Thema, das den von Hypochondrie und Melancholie selbst immer wieder heimgesuchten jungen Arzt faszinierte, auch oder gerade wenn er im gesellschaftlichen Leben als geistreicher Plauderer, Klavierunterhalter und routinierter Mädchenverführer aufzutreten pflegte.

Schon im Winter 1885, noch ehe in Österreich und Deutschland das Werk von Henrik Ibsen bekannt geworden war, in dem sensibel psychologisch motiviert, die bürgerlich kaschierte Brüchigkeit zwischenmenschlicher Beziehungen und ihre pathologischen Wurzeln entlarvt wurde, hatte Schnitzler sich mit dieser Problematik beschäftigt. Es war die Novelle *Menschenliebe*, in der er das von dem norwegischen Dichter und Theaterdirektor sowie auch von Gerhart Hauptmann behandelte Thema über erbliche Belastung zu gestalten versuchte. »Noch hoffnungsloser als dichterisches Produkt, wenn auch nicht so kindisch-verworren«, schreibt er darüber selbstkritisch in *Jugend in Wien*, »präsentiert sich ein anderes, das auch mit dem Problem der Belastung, freilich in leichterer und in ganz unbewußter Weise zusammenhängt...: Es ist das Festspiel, das ich zum 6. Januar 1886 verfaßte, an welchem Tag mein Vater den fünfundzwanzigsten Jahrestag seiner Promotion und seines Eintritts in die Redaktion der ›Wiener Medizinischen Presse‹ in der etwas solennen Weise feierte, die seinem Geschmack entsprach.«

Festlich-feierlich war das väterliche Jubiläum in der Tat, bei dem der Sohn in einem erlesenen Gesellschaftskreis als Dichter in Erscheinung trat. Nebst Journalisten, berühmten Schauspielern und Sängern saßen der Wiener Domprobst, Graf Mensdorff, der spätere Botschafter in England, die Fürstin Metternich sowie der künftige König von Bulgarien, Fürst Ferdinand von Koburg, an der elterlichen Tafel. Im großen Salon – der Vater ordensgeschmückt im Frack – sahen sie abends Schnitzlers Stück in drei Bildern, in dem er selbst die Rolle des Jubilars in allen bisherigen Stationen seines Lebens spielte. Heiterkeit und Beifall belohnen den Autor, der seiner Dichtung aber, nicht anders wie der *Menschenliebe*-Novelle, im späteren Rückblick nur »geistige Unreife« zu bescheinigen vermag.

Eines Tuberkuloseverdachtes wegen ist Schnitzler gezwungen, im April 1886 einen Aufenthalt in Meran zu nehmen. Dort trifft er mit Olga Waissnix zusammen. Er hatte bisher von der ebenso hübschen wie klugen und gebildeten Wirtin des renommierten ›Thalhofs‹ in Reichenau, wo Wiens Hautevolee, ja selbst der Kaiser zu logieren pflegten, kaum Notiz genommen, als er mit den Eltern einige Sommerwochen dort verbrachte. Nun aber entwikkelt sich eine tiefe Liebe zu der um ein halbes Jahr jüngeren Frau, die bereits Mutter dreier Söhne ist und mit sicherem Instinkt und klarem Urteil in dem jungen Arzt nicht nur den begabten Dichter erkennt, sondern auch den Mann, dem sie bis zu ihrem frühen Tod am 4. November 1897 ihre ganze, schmerzlich entsagungsvolle Zuneigung entgegenbringt. Schnitzler wird sie das »Abenteuer seines Lebens« nennen. Der Briefwechsel zwischen den

beiden vermittelt einen Einblick in diese große Liebe, deren Erfüllung an Olgas lange durchgehaltener Standfestigkeit gegenüber der Versuchung des Ehebruchs scheiterte. Als sie sich schließlich über die herrschende Moral, die sie an einen ungeliebten, eifersüchtigen Partner band, hinwegzusetzen wagte, war es zu spät. Eine andere seiner großen Lieben war bereits in Schnitzlers Leben getreten, und die an »Entsagen und Ertragen« gewöhnte Frau mußte sich damit abfinden, in entscheidenden Jahren seine Muse gewesen zu sein, die wesentlich zu seiner inneren Reifung beitrug. Immer wieder sind es Frauen, die Schnitzlers Leben und Werk maßgeblich beeinflussen.
Die frühen Jahre am Wiener Klinikum aber sind vor allem durch eine schmerzhafte Spannung zwischen den künstlerischen Ambitionen und dem ärztlich-wissenschaftlichen Beruf gekennzeichnet. Ein Tagebucheintrag vom 21. Juni 1887 lautete: »Und doch ist's nur die Phantasie, die mich vielleicht noch zu etwas bringt.« Außer dem *Liebeslied der Ballerine* im Münchner *Freien Landesboten* waren bisher nur einige Gedichte, Prosaskizzen und Aphorismen sowie eine kleine satirische Erzählung aus dem Caféhausmilieu erschienen, Beiträge in der Zeitschrift *An der schönen blauen Donau* und in der *Deutschen Wochenschrift*, alle noch gegen Ende 1886, dem Jahr des Familienfestspiels und des Eintritts in die Meynertsche Klinik. Die Phantasie aber arbeitet rastlos weiter. Sie bemächtigt sich auch der klinischen Arbeit und aller daraus gezogener Erkenntnisse. Dabei bleibt die Fähigkeit, zwischen Kunst und Wissenschaft, Traum und Wirklichkeit, wo immer das geboten ist, zu unterscheiden, auf souveräne Weise erhalten. Wir finden darum parallel zur literarischen Produktion auch beachtenswerte Beiträge zur ärztlichen Wissenschaft in den medizinischen Schriften des Autors, der am 1. Januar 1887 die Redaktion der vom Vater begründeten *Internationalen Klinischen Rundschau* übernommen hatte. Seine dort, aber auch in der *Wiener Medizinischen Presse* veröffentlichten Arbeiten und Buchbesprechungen zeugen von einem regen Interesse an den wissenschaftstheoretischen Problemen seiner Zeit. Insbesondere sind es die komplexen Wechselwirkungen zwischen Krankheit, Psyche und Gesellschaft, aber auch die Möglichkeiten zu besse-

rer ärztlicher Versorgung, denen Schnitzler sich zuwendet. Seine medizinischen Texte zeigen schon in den eineinhalb Jahrzehnten vor der Jahrhundertwende, wie sehr die späteren großen Dramen und Erzählungen in ihrem skeptischen Humanismus und der meisterhaften psychologischen Beweisführung aus den Erfahrungen des Arztes mitbestimmt sind.

Es war aber auch eine Epoche aufregender medizinischer Erkenntnisse von zukunftsweisender Bedeutung, die den Autor mit prägte. Schnitzler, der sich in Wiens Atmosphäre als Dramatiker, Romancier und Erzähler zum Meister der Seelenschilderung entwickelt, wird zum unmittelbaren Zeugen einer spannenden Entdeckungsgeschichte: der Psychoanalyse von Sigmund Freud. Schon zu der Zeit, in der Freud noch als Nervenarzt praktiziert und gerade dabei ist, sich schrittweise an das Rätsel des Unbewußten heranzutasten, kommt der schriftstellernde Arzt mit ihm beruflich in Kontakt. Schnitzler ist wahrscheinlich der Protokollführer der Sitzung vom 15. Oktober 1886 gewesen, in welcher der »Dozent Dr. Freud« in Anwesenheit von Theodor Meynert den überwiegend skeptischen Mitgliedern der »k. k. Gesellschaft der Ärzte in Wien« die Ansichten Jean Martin Charcots *Über männliche Hysterie* vortrug. Freud hatte vom Oktober 1885 bis Februar 1886 Vorlesungen des berühmten Neurologen an der Pariser Salpêtrière gehört und dessen Erfahrungen in eigener Praxis bestätigt gefunden. Das führte ihn, wie bald auch Schnitzler, zu Heilungsversuchen durch Hypnose. Von Anfang an zeigt sich Schnitzler den neuen Forschungsergebnissen gegenüber aufgeschlossen. Nicht so ein Großteil der konservativen Ärzteschaft. Hysterische Zustände, so lautete eine in der Antike gründende Überlieferung, haben in der Gebärmutter, die im Griechischen ›Hystera‹ heißt, ihren Ursprung. So wandte sich denn auch ein alter Chirurg an den künftigen Begründer der Psychoanalyse: »Aber mein Herr, wie können Sie solchen Unsinn reden. Hystera bedeutet Uterus. Wie kann also ein Mann hysterisch sein?«

Als Freud 1887 Charcots *Neue Vorlesungen über die Krankheiten des Nervensystems, insbesondere über Hysterie* für den deutschen Sprachraum übersetzt hatte, widmet Schnitzler dem Buch in der »*Internationalen Klinischen Rundschau*« eine ausführliche Besprechung. Dabei bewundert er nicht nur »den Geist der Auffassung« und die »Klassizität der Darstellung« des großen Pariser Nervenpathologen, sondern fordert auch dazu auf, »der Sache jenen parteilosen Ernst entgegenzubringen, welcher vielleicht gerade in diesem so jungen Kapitel der Medizin sehr am Platze erscheinen möchte«. Die Rezension endet mit dem Dank an Dr. Freud für dessen ausgezeichnete Übersetzung von Charcots Buch.

Die stilistische Brillanz Freuds ist bekannt. Seine frühen Krankengeschichten lesen sich, wie er selbst einmal erstaunt feststellte, »wie Novellen«. Nach den Worten des Literaturwissenschaftlers Horst Thomé steht etwa auch Freuds berühmte Fallgeschichte der Dora, *Bruchstück einer Hysterie-Analyse*, in ihrer narrativen Vielfalt »als ›Experimentalroman‹ der reifen Erzählkunst Schnitzlers in nichts nach«. Dessen literarische Neigungen wiederum waren es, wie er in *Jugend in Wien* bemerkt, die ihn zum Studium der Nervenkrankheiten führten. Der Arzt im Künstler – der Künstler im Arzt: solche Verwandtschaft wird die beiden einander noch näher bringen, wenn auch in eine Nähe auf Distanz.

Unbeirrt versucht Schnitzlers Vater, das Engagement des Sohnes für die Medizin aufrecht zu erhalten und neu zu beleben. Den schriftstellerischen Arbeiten des künftigen Dichters steht er, soweit sie ihm überhaupt bekannt werden, mit wenig Sympathie gegenüber. Ein Arzt als Belletrist – keine angenehme Vorstellung für den standesbewußten alten Herrn. Wenn schon derlei Veröffentlichungen, dann doch bitte unter Pseudonym! So unterzeichnet Schnitzler Gedichte, die in der *Schönen blauen Donau* erscheinen, als ›Anatol‹ – ein Name, der dann zum Titel einer Reihe von Einaktern wird. Über den Vater schreibt Schnitzler, sich an die späten achtziger Jahre erinnernd: »Daß er meinem ganzen Treiben in Literatur, Medizin und Leben ohne Freude zusah, war ihm wahrhaftig nicht übelzunehmen. Insbesondere meine Beziehungen zum weiblichen Geschlecht, über die er natürlich nur vage unterrichtet war, erfüllten ihn mit wachsender Sorge.« Die Gründe dafür lassen sich nicht leugnen. Im Septem-

ber 1887 begegnet Schnitzler der Heimarbeitsnäherin Jeanette Heger, dem »Mädel mit den zerstochenen Fingern« und der »höchst bewegten Vergangenheit«, die ihn aber uneigennützig und zärtlich liebt. Sie wird für zwei Jahre – nicht allerdings bald ohne schärfste Konkurrenz – seine ständige Geliebte. Als Schnitzler gleich nach den ersten glücklichen Wochen mit dem Vater zur ›Versammlung deutscher Naturforscher und Ärzte‹ nach Wiesbaden muß, worüber er in der *Klinischen Rundschau* berichtet, facht diese kurze Trennung die Verliebtheit der beiden nur noch stärker an. Auf der Rückreise ist Schnitzler in Frankfurt in so guter Wiedersehensvorfreude, daß es ihm gefällt, »auf Goethes Jugendspinett ein paar Wiener Walzer anzuschlagen«.
Im kommenden Jahr läßt er Jeanette einige Zeit allein in Wien zurück. Während eines Studienaufenthalts vom 5. April bis 12. Mai in Berlin absolviert er die obligatorischen Besuche bei den medizinischen Größen der Stadt, belegt einen laryngologischen Kurs, besichtigt Abteilungen der angesehenen Charité und wohnt sogar einer Sitzung der ›Gesellschaft für interne Medizin‹ bei. Die Abende verbringt er beinahe regelmäßig im Theater. Bühnenschriftsteller und Schauspieler laden ihn ein, und er schließt viele Bekanntschaften, auch die mit dem berühmten Josef Kainz vom Deutschen Theater. Trotz eines ausgefüllten Programms in der Stadt an der Spree, in der er später noch so manche Premiere seiner Stücke sehen wird, hat er noch Zeit zu galanten Abenteuern. Noch in *Jugend in Wien* erinnert er sich an ein »Fräulein Lizzi, das Berliner süße Mädel«, das »keineswegs die erste und einzige gewesen« war, »in deren Armen ich Jeanettes gedacht hatte«.
Schnitzlers ›Donjuanismus‹ – wenn wir ihn nun schon einmal so nennen wollen – entspringt einem unstillbaren Verlangen nach Liebe und Harmonie. Er sucht einen Gegenpol zu den traurigen und grausamen Seiten des Lebens – von »Lebensgrauen« wird er später einmal sprechen –, die sein hellwacher Intellekt sowie die Klinikerfahrung ihn durchaus erkennen lassen. Darüber hinaus bedeutet ihm Frauenliebe, die er ständig sucht, wenigstens zeitweises Vergessen der inneren Dissonanzen und Depressionen. Über die Jahre 1887-1889 schreibt er in den Jugenderinnerun-

gen: »Als Hauptgrund meiner Verstimmung aber mußte ich außer einer frühen Blasiertheit, die ich mir übrigens nur einbildete, meinen Beruf ansehen, vielmehr die Überzeugung, daß zu der Ausübung dieses Berufes mir ebenso der redliche Wille als das wirkliche Talent fehlten. Da es mir überdies, wie ich zu fühlen glaubte, an der nötigen Spannkraft gebrach, unter der Last der medizinischen Eindrücke die rechte Freiheit zu dichterischer Betätigung aufzubringen, und ich mich als einen hypochondrischen, übersensiblen Menschen zu erkennen vermeinte, der ohne Funken von wahrhafter Tatkraft lächerlich an seinen kleinen und großen Gewohnheiten hing, so war ich trotz einer leisen tröstlichen Ahnung, daß doch etwas Gutes in mir vorhanden sein mochte, nahe daran, mein Leben, in dem ich innerlich keine Fortentwicklung, äußerlich kein Weiterkommen zu sehen imstande war, als völlig verfehltes zu beweinen und mich endgültig aufzugeben.«
Nur die süßen Mädel bieten da noch Trost. Doch Schnitzler ist nicht nur der verwöhnte Bonvivant. In der von ihm redigierten Ärztezeitschrift veröffentlicht er 1887 Glossen zur Budget-Debatte im Österreichischen Abgeordnetenhaus über die »Zustände im k. k. allgemeinen Krankenhaus in Wien«. In ihnen tritt er der Öffentlichkeit als ein verantwortungsbewußter junger Arzt gegenüber, der sich nicht scheut, die Schwachpunkte einer Gesellschaft anzusprechen, die der ärmeren Bevölkerungsschicht wenig Verständnis entgegenbringt. So legt er zum Beispiel für die wegen ihrer gelegentlichen Grobheit getadelten Krankenwärterinnen, »die armen Frauen«, ein gutes Wort ein, »die für ein paar Gulden (12-16 fl.) und den Mittagstisch, Tag und Nacht in denselben Räumen mit den Kranken, dieselben pflegen, warten, auch ihre Launen ertragen müssen, ohne ihre Geduld verlieren zu dürfen. Für zwölf Gulden monatlich engagiert man keine Engel.« Auch eine bessere Verköstigung der Kranken mahnt er an. Dabei wendet er sich gegen die bequeme Meinung, »daß die meisten der armen Patienten, die im Krankenhaus liegen, draußen kaum besser zu essen haben; aber das ist kein Grund, ihnen hier schlechte Kost zu geben, wo sie sich für den neuen Kampf ums Dasein, der vor der Pforte des Spitals ihrer

harrt, kräftigen sollen. Ist doch der Hunger oft die halbe Krankheit dieser Bedauernswerten!« Und mit sozialpolitischem Engagement fährt er fort: »Die Statistik weiß es zu erzählen, um wieviel Armut und Elend das Leben verkürzen! – Es muß also mit dem Sparsystem gebrochen werden; wenn sich Millionen für Kanonen und Repetiergewehre finden, werden sich auch noch ein paar Tausende für eine gute Suppe und ein saftiges Fleisch aufbringen lassen!«

Ein Jahr darauf erscheinen in der gleichen Zeitschrift die *Londoner Briefe* – Frucht einer Studienreise vom 21. Mai bis 25. August 1888. In London beeindruckt ihn die »Privatwohltätigkeit«, durch die dort viele Spitäler entstehen und erhalten werden. »Nirgends in der Welt sieht sich der größte Reichtum dem offenbarsten Elend Auge in Auge so kraß gegenübergestellt wie in London«, konstatiert er. »Nirgends fühlt der Begüterte so sehr seine Verpflichtung gegenüber dem Armen und Verzweifelten; nirgends wird er so zwingend und unwidersprechlich an seine Schuld gemahnt.« Nicht nur das Elend im Armutsviertel des Eastend nimmt er zur Kenntnis. Sein kritischer Blick gewahrt auch im wohlstandsgepflegten Westend die Seitenwege mit den ärmlichsten Häusern, die glauben machen, »es hätte sich hier eine Kolonie von Parias angesiedelt«.

Fazit seiner Betrachtung aber ist ein Lob auf das englische Medizinalwesen und die Privatinitiative, durch die Jahr für Jahr zur Pflege und Heilung der Kranken neue Gebäude emporwachsen, die »in ihrem, durch keine staatlichen Machtvollkommenheiten und durch keine kollegialen Rankünen gehinderten Aufblühen Zeugnis ablegen von einem freiheitlichen Sinne, für den in den Wiener maßgebenden Kreisen ein Verständnis zu erwecken vorläufig ein vergeblicher Versuch bleiben müßte.«

Aber nicht nur derlei sozialpolitische Überlegungen beschäftigen Schnitzler in London. Er schreibt dort auch einen Einakter, der 1890 unter dem Titel *Anatols Hochzeitsmorgen* in Druck erscheint. In dieser Komödie des späteren *Anatol*-Zyklus nimmt der Titelheld nach dem Polterabend vor dem Hochzeitsmorgen eine frühere Geliebte, die von seiner unmittelbar bevorstehenden Vermählung nichts weiß, noch einmal mit sich nach Hause. »Ich

bin gewiß kein Tugendspiegel; aber so etwas...!« entrüstet sich Anatols Freund Max, der gekommen war, den Bräutigam zur Trauung abzuholen, als er aus dem Schlafzimmer die Stimme des Mädchens hört. Anatol klärt ihn über seine Gefühle auf. Nach dem Polterabend, sagt er, wäre er plötzlich in der kalten Winternacht gestanden: »Frierend! Da kam es wie ein gewaltiger Schmerz über mich, daß ich von nun an kein freier Mann mehr sein, daß ich meinem süßen, tollen Junggesellenleben Ade sagen sollte für immerdar! Die letzte Nacht, sagte ich mir, in der du nach Hause kannst, ohne gefragt zu werden: Wo warst du...? Die letzte Nacht der Freiheit, des Abenteuers... vielleicht der Liebe!« Und so trieb es ihn einfach noch zu einer Redoute, wo ihm zufällig Ilona, selbst alles andere als ein Unschuldslamm, wieder begegnete. Sie gilt es nun möglichst trickreich wieder loszuwerden.
Witz, Situationskomik, Selbstironie und viel psychologische Einfühlung kennzeichnen diese Komödie, in der sich die graziöse Leichtigkeit der Dialogführung späterer Meisterdramen ankündigt. Vor allem aber spiegelt dieser Einakter das damalige Dandytum des Autors wider und seine notorische Angst vor einer ehelichen Bindung. Wahrscheinlich ist es der Gedanke an Jeanette in Wien gewesen, der Schnitzler zu dem Stück inspirierte. Sie hatte ihm einmal gesagt, sein Hochzeitstag würde ihr Todestag sein. Vielleicht, so mutmaßt Renate Wagner in ihrem Buch *Frauen um Arthur Schnitzler*, dachte der Autor »sich aus, was sein temperamentvolles Mädel im Falle seiner tatsächlichen Verehelichung alles treiben würde«.
Aus London jedenfalls bekommt sie zärtliche Briefe, weiß aber nicht, daß zur gleichen Zeit noch schönere an Olga, die ›Thalhof‹-Wirtin, unterwegs sind. Gegen Ende Juli 1888 verläßt Schnitzler London, um sich in Ostende mit Eltern und Geschwistern zu einem Aufenthalt in einem der eleganten Seebadhotels zu treffen. Erst am Abend des 25. August, erinnert er sich, »war es mir vergönnt, mich in die Arme meiner Jeanette zu stürzen, die mich mit aller Zärtlichkeit und Leidenschaft empfing«.
Dem Vater ist seine Lebensführung ein Greuel. Schnitzler ist mittlerweile 26 Jahre alt und noch immer ein ganz unsicherer

Kantonist im Lande seiner eigenen Existenz. In *Jugend in Wien* sieht der Autor sich selbst in dieser Zeit aus so kritischer Distanz, daß kein Biograph diesen Abschnitt seines Lebens treffender und objektiver wiedergeben könnte als er selbst. Es heißt darin: »Mein Vater, manchmal erbittert, öfter gekränkt, schaute zu, wie ich mich in Leben, Beruf und Kunst nicht zurechtfand und zwischen meinem tüchtigen, unsäglich fleißigen Bruder, meinem ausgezeichneten Schwager – beide Ärzte wie ich und von Mißbilligung gegen mich durchdrungen – eine wahrhaft klägliche Rolle spielte. Und während ich mich in meinem Tagebuch weitläufig und schonungslos über allen Zwiespalt und Jammer ausließ, war ich gleich wieder bereit, mich der Pose zu beschuldigen, glaubte mir in meinen inneren Kämpfen irgendwie zu gefallen, während ich sie niederschrieb, – und glich so ein wenig jenem Dichter aus der ›Beatrice‹, der zehn Jahre später ausrufen sollte: ›Und quillt aus dieser Torheit – einmal ein Lied, so ist's der höchste Preis – Den mir das Leben hinwirft für die Schmach – Daß ich zu schwach bin, es mit Stolz zu leben.‹« Das traumverwobene, in die Zeit der Renaissance verlegte Drama *Der Schleier der Beatrice* wurde, schon früher zu Papier gebracht und am 1. Dezember 1900 am Lobe-Theater in Breslau uraufgeführt, im selben Jahr, in dem Sigmund Freuds epochales Werk *Die Traumdeutung* erschien.

Wir aber sind noch im Jahre 1888. In ihm war in Wien bereits als Bühnenmanuskript der Einakter *Das Abenteuer seines Lebens* erschienen, ein von Schnitzler selbst (wie auch *Anatols Hochzeitsmorgen*) nicht hoch eingeschätztes Lustspiel, in dem er seine Situation zwischen zwei Frauen – Jeanette und Olga – zu bewältigen versucht.

Im Herbst 1888, bald nach der Rückkehr aus London und Ostende, wird Schnitzler Assistent in der Abteilung des Vaters. Er befaßt sich nun, auch wenn sein Kopf voller Theaterpläne steckt, »ernstlich mit dem Studium der Larynxneurosen und mit hypnotischen Versuchen«, desgleichen mit Suggestion. 1889 veröffentlicht er in der *Internationalen Klinischen Rundschau* seinen Bericht *Über funktionelle Aphonie und deren Behandlung durch Hypnose und Suggestion*. Am Beispiel von sechs Fällen erläutert er darin seine eigenen Erfahrungen bei der Heilung von Stimmlosigkeit. Aus Schriften wie dieser spricht wieder der respektable Arzt. Suggestion als Behandlungsmethode erkennt er auch in einer gleichzeitigen Besprechung eines Buches von Hippolyte Bernheim an, des französischen Mediziners und späteren Vertreters der psychoanalytischen Schule von Nancy, dessen Werk wiederum in einer Übersetzung von Freud erschienen war.

Für Schnitzler bedeuten Suggestion und Hypnose, mit denen er zu dieser Zeit selbst erfolgreich experimentierte, neuartige Einblicke in die Wandlungsfähigkeit der menschlichen Psyche und deren latente Bereitschaft zu vielfältigem Rollenspiel. Diese Einsicht erleichtert ihm als Arzt die humane Stellungnahme gegenüber sexuellen Abnormitäten, deren Entkriminalisierung er fordert. Dabei weiß er sich neben Freud auch mit dem Psychiater Richard von Krafft-Ebing einig. Das Buch dieses bedeutenden Forschers auf dem Gebiet der Sexualpathologie und Kriminalpsychologie bespricht Schnitzler ebenfalls in der *Klinischen Rundschau*.

Erst vor dem Hintergrund von Schnitzlers medizinischer Ausbildung und ärztlicher Praxis wird ein wichtiger, von seiten der Naturwissenschaft und ihres epochalen Trends zur Seelenforschung herkommender Bildungsfaktor sichtbar, der die im Autor intuitiv angelegte Begabung zur Darstellung psychischer Abläufe wesentlich förderte. Schnitzler beherrscht das naturwissenschaftlich-pragmatische Denken nicht weniger als das Spiel auf dem tausendstimmigen Instrument des Gefühls. Beides wird er schließlich im literarischen Kunstwerk zu einer Einheit bringen, in der bei aller Skepsis des Menschenkenners ein wichtiger Anteil aufklärerischen Humanismus wirksam bleibt. Aber es wird noch dauern, bis der Selbstkritische, der sich auch in privilegierter Rolle stets seines Sonderstatus als Jude bewußt ist, feststellen kann: »Das einzige, was mir eine gewisse Sicherheit gibt, ist eigentlich nur das Bewußtsein, in menschliche Seelen hineinschauen zu können ... tief hinein, in alle, in die von Schurken und ehrlichen Leuten, in die von Frauen und Männern und Kindern, in die von Heiden, Juden, Protestanten, ja selbst in die von Katholiken, Adeligen und Deutschen, obwohl ich gehört habe, daß gerade das für unsereiner so unendlich schwer, oder sogar unmöglich sein soll.«

Damit sind wir bereits bei der *Professor Bernhardi*-Thematik, wo dem jüdischen Arzt unter anderem ebenfalls gerade diese Fähigkeit von der nichtjüdischen Majorität abgesprochen wird. Schnitzler, der Assistenzarzt im Poliklinikum aber ist noch ganz mit sich selber beschäftigt. Zweifel an seiner Zukunft quälen ihn. Am 2. Juni 1889 schreibt er ins Tagebuch: »Und heute! – Ein Mediziner ohne Praxis! – Ein Poet mit mittelmäßigen Erfolgen! Ein junger Mann mit Liebelei ohne Liebe! – Und alles verläuft so in den Sand.«

Ein fließender Spiegel der Welt

Noch im gleichen Monat, in dem Schnitzler sein Leben so pessimistisch beurteilt, im Juni 1889, begegnet ihm in der vollen Blüte ihrer sechzehn Jahre die angehende Schauspielerin Marie Glümer. Bald heißt es im Tagebuch: »Ich bin wahnsinnig, verliebt zum Sterben.« Mizi aber ist kein unbeschriebenes Blatt mehr. Ein Freund des Autors, der gerade daran ist, sich standesgemäß zu verheiraten, hat sie soeben verlassen. Eine Liebe voller Dramatik mit allen Attributen der Eifersucht, der Untreue, ja des zeitweisen Hasses, nimmt ihren Anfang. Nie mehr wird Mizi Glümer ganz aus Schnitzlers Denken und Fühlen verschwinden. Zunächst allerdings ist er, wie stets, sogar auf die Vergangenheit seiner Geliebten quälend und selbstquälerisch eifersüchtig. Gleichzeitig aber durchschaut er die Doppelmoral der Gesellschaft seiner Zeit, das Sozialgefüge einer hierarchischen Macht- und Ordnungsstruktur, die dem Manne alles erlaubt, ja gebietet, was die Frau zur »Gefallenen« macht.

»Aber woher nehmen wir nur das Recht, jedes Weib für rechtlos zu erklären, das die Kühnheit hatte, zu lieben, bevor wir erschienen?« So heißt es im ersten abendfüllenden Schauspiel *Das Märchen*, das zwischen November 1889 und März 1890 ganz aus dem Mizi-Glümer-Erlebnis heraus entstand. »In unserer unbändigen Eitelkeit wollen wir immer die einzigen und ersten sein«, erkennt der mit stark autobiographischen Zügen ausgestattete Bühnenautor Fedor Denner in bezug auf die Schauspielerin Fanny Theren, in der Mizis Abbild gestaltet wurde. »Und ich sage, es ist Zeit«, meint er, »daß wir es aus der Welt schaffen, dieses Märchen von den Gefallenen.«

Trotz dieser liberalen Einsicht bleibt Fedor aber am Ende seiner patriarchalischen Rolle und der herrschenden Gesellschaftsordnung verhaftet. Ebensowenig heiratet er Fanny, die mit dem

»Makel« zweier früherer Lieben versehen ist, im Drama wie Schnitzler Marie Glümer im Leben. Mit ihr, gesteht er am 20. September 1892 im Tagebuch, in Wien »als mit meiner Frau zu leben bin ich noch zu feig. – Ich brauch das nicht näher auszuführen – es steht alles schon im Märchen.«

Im *Märchen* aber hat er aus ehrlicher Selbsterkenntnis heraus die Verlogenheit der herrschenden Moral durch eine brisante Gesellschaftsanalyse gebrandmarkt, die das konservative Publikum empörte. Als der Dreiakter am 1. Dezember 1893 im Deutschen Volkstheater in Wien uraufgeführt wurde, kam es zum ersten Skandal um Schnitzler. Selbst die berühmte Adele Sandrock in der Rolle der Fanny Theren konnte nicht verhindern, daß *Das Märchen* nach zwei Aufführungen abgesetzt wurde.

Marie Glümer aber wird weiterhin zum Vorbild Schnitzlerscher Frauenfiguren. Sie ist hinter der lebensklug-leichtsinnigen Schlager-Mizi der *Liebelei* (1895) ebenso zu erkennen wie eine andere Seite ihres Wesens in der geläutert-heiteren Irene Herms im Drama *Der einsame Weg* (1904). Bald steht sie selbst in mehreren Schnitzler-Stücken erfolgreich auf der Bühne. Als die beiden sich längst schon äußerlich voneinander entfernt hatten und das einstige »reizende Mädel« mit dem rotblonden Schopf und den großen, schwarzen Augen nach langer Krankheit am 16. November 1925 gestorben war, notierte Schnitzler im Tagebuch: »Keinem Wesen verdankt mein Dichtertum so viel wie ihr.« Sie blieb für ihn, wie er dreißig Jahre früher schon einmal niedergeschrieben hatte, »meine Tugend, die Jugend, und darum wohl die Liebe selbst, die ›wahre Liebe‹«.

Während des Beginns der Arbeit am *Märchen* entsteht für die *Internationale Klinische Rundschau* ein Leitartikel zum ausgehenden Jahr 1889. Diese nachdenklichen *Silvesterbetrachtungen* sind von einem Ethos erfüllt, das wiederum an den sonst ganz anders gearteten Adalbert Stifter erinnert, der sich viereinhalb Jahrzehnte früher in einer seiner Skizzen für das Sammelwerk *Wien und die Wiener* mit gleicher Skepsis zum Thema wissenschaftlicher Fortschritt und menschliche Bildung geäußert hat. Bei Schnitzler lesen wir: »Ja, wenn die Wissenschaft stets die Kraft hätte, zu bilden, zu veredeln! Was vermag sie aber mit all ihrem

Adel gegen die angeborenen Triebe des Neides, der Scheelsucht, des Hasses, die ja, solange die Welt steht, immer nach einem neuen Ausdruck suchen, um sich geltend zu machen und wirken zu können!« Nachgerade prophetisch aber muten heute die folgenden Sätze an: »Wir wissen, daß unser Jahrzehnt an einem großartigen Atavismus krankt und daß die mächtige Arbeit jener Menschenfreunde in den Staub zu sinken droht, welche die modernden Reste vergangener Zeiten hinwegzuräumen sich bemühten. Aber daß an diesem finstern Zerstörungswerke auch ein Teil jener Gilde mitarbeitet, deren Stolz es bedeuten sollte, *Licht* zu bringen, und daß auch für jene, die mit dem Seziermesser vor dem Leichentische stehen oder an das Bett des Kranken trostspendend, schmerzlindernd eilen, daß auch für jene, die ihre Wissenschaft die reinste höchste Menschenliebe gelehrt hat, der Geist des Fortschritts vergebens durch die Welt geschritten ist, das ist überwältigend und traurig: das läßt uns von der nächsten Zukunft nichts Gutes hoffen. Ist es doch gerade ein Teil unserer strebsamen Jugend, dieser selben Jugend, als deren Ideal *Humanität* und *Freiheit* gegolten, die heute unter dem Banner der reaktionärsten aller Ideen steht! ... Wir werden auch im nächsten Jahr viele große Ärzte unter uns haben – aber wir fürchten, nur wenig große Menschen.«

Schnitzlers pessimistische *Silvesterbetrachtungen*, in denen er der Fortschrittsgläubigkeit den Abschied erteilt, spielen auf die neue Welle des Antisemitismus an, die trotz Aufklärung und Liberalismus auch die Universität und ihre akademischen Lehrer erfaßt hatte. Ein halbes Jahrhundert später sollte genau dieser Atavismus, eingebettet in den Rahmen einer zum Selbstzweck erhobenen »objektiven« Wissenschaft, als jenes »Diktat der Menschenverachtung« in Erscheinung treten, als welches es nach dem Zweiten Weltkrieg im Nürnberger Ärzteprozeß von Alexander Mitscherlich und Fred Mielke in seiner ganzen Entsetzlichkeit dokumentiert wurde.

Ein sehr ernster Schnitzler begegnet uns da am letzten Tag des Jahres 1889. Unter dem »bißchen Edelsinn« und der »Masse Erbärmlichkeit, die das Menschentum auszumachen scheint«, kann er keine »Hoffnungsandacht« aus dem Silvesterpunsch aufsteigen lassen, schreibt er, da auch das neue Jahr 1890 den ersehnten »wahren Frieden und die echte Menschlichkeit« nicht bringen würde.

Er selbst kommt in diesem Jahr in näheren Kontakt mit Wiener Literaturzirkeln, vor allem mit dem von ›Jung Wien‹. Man trifft sich im Café Griensteidl am Michaelerplatz, das heute nur noch als Legende fortlebt. Dort lernt er Publizisten, Kritiker und Dichter kennen, unter ihnen Richard Beer-Hofmann, Hermann Bahr, Felix Salten und Hugo von Hofmannsthal. Lang andauernde Beziehungen entwickeln sich. In den Kreis professioneller Literaten aufgenommen zu werden, schmeichelt dem Arzt-Autor. Hofmannsthal freilich, dem er bis zu dessen Tod in Freundschaft, wenn auch nicht in unkritischer, zugetan bleiben wird, ist damals noch ein sechzehnjähriger Gymnasiast. Unter dem Pseudonym Loris hat er aber bereits Gedichte und den Vers-Einakter *Gestern* geschrieben. Felix Salten erinnert sich an ihn: »Nicht nur die formale musikalisch klingende Sprachschönheit Hofmannsthalscher Verse, auch ihr tiefsinniger Gedankeninhalt wirkte auf uns wie eine Art von edlem Rausch.« Als Schnitzler zu diesen »Kaffeehausliteraten« stieß – sein späterer Kritiker Karl Kraus, der selbst einmal dazugehörte, tat sie als »Kaffeehausdekadenzmoderne« ab, wenngleich sie eine der fruchtbarsten Epochen der Wiener Literatur einleiteten –, hatte er schon eine Reihe poetischer Arbeiten veröffentlicht. Dazu gehören die Einakter *Die Frage an das Schicksal*, *Episode*, *Denksteine*, *Agonie* und *Anatols Hochzeitsmorgen*, die später, durch *Weihnachtseinkäufe* und *Abschiedssouper* ergänzt, zum siebenteiligen Anatol-Zyklus zusammengefaßt wurden. Erschienen waren auch bereits der Einakter *Das Abenteuer seines Lebens*, das Dramatische Gedicht in einem Aufzuge *Alkandis Lied* sowie die Erzählungen *Mein Freund Y: Aus den Papieren eines Arztes*, *Amerika*, *Der Andere: Aus dem Tagebuch eines Hinterbliebenen* und *Reichtum*. Eine Tagebuchnotiz vom 9. Oktober 1891 zeigt, daß Schnitzler sich nun dem Literaturzirkel von ›Jung Wien‹ zugehörig fühlen durfte und dies nicht ungern sah. »Loris, Salten, Beer-Hofmann und ich werden nämlich schon als Clique betrachtet«, notiert er. Trotzdem unterscheidet ihn von dem zuweilen recht selbstgefäl-

ligen Ästhetentum der Gruppe von Berufsliteraten seine größere Lebenserfahrung, sein durch die ärztliche Praxis geschulter schärferer Blick für die Realität.
Das zeigt sich nicht zuletzt an einem Prosawerk, das er im Februar 1892 (zunächst unter dem Titel »Naher Tod«) beginnt: der Erzählung *Sterben*. Hätte Schnitzler nur diese frühe Novelle geschrieben, allein mit diesem Meisterwerk wäre ihm der Eingang in die Literaturgeschichte sicher gewesen.
Geschildert wird, wie Felix, ein noch junger, an Tuberkulose erkrankter Mann, Schritt für Schritt dem Tod entgegengeht und sich dabei ebenso verwandelt wie Marie, seine Geliebte, die ihm verspricht, mit ihm zu sterben, diesen Schwur am Ende aber doch nicht zu halten vermag. Zu schrecklich sind die Zeichen des herannahenden Todes und die damit verbundene Wesensänderung, die Felix bei diesem unerbittlichen Prozeß erleidet. Klar und schonungslos, nie aber gewalttätig, beschreibt Schnitzler in sprachlicher und atmosphärischer Dichte, wie sich hämische Neugier und böses Mißtrauen in Felix' Liebe einnisten, während blankes Entsetzen und lähmende Angst allmählich Maries Güte und Hingebung ersticken. Als Felix kurz vor seinen letzten Atemzügen Marie in verzweifelter Todesangst zur Einlösung ihres Versprechens zwingen will und sie, um nicht allein zu sterben, zu erwürgen versucht, reißt sie sich von ihm los und flieht ins Leben.
Liebe und Tod, Eros und Thanatos: wir finden diese schicksalbestimmenden Elemente auch in der Lehre von Sigmund Freud. In Schnitzlers Erzählung sind nicht nur Beobachtungen des Poliklinikarztes an den Betten todgeweihter Patienten mit eingeflossen. Vom plötzlichen und schreckhaften Auftreten des Todesbewußtseins in der Kindheit des Autors war schon an früherer Stelle die Rede, desgleichen von den makabren Zügen der Kaiserstadt. Was die Phantasie des Dichters nun im literarischen Kunstwerk gestaltete, fand seine atmosphärische Entsprechung aber auch noch in der gesellschaftlichen Wirklichkeit: Im Januar 1889 war Erzherzog Rudolf von Österreich mit seiner Geliebten, der Baronesse Mary Vetsera, auf dem Jagdschloß Meyerling bei Wien in den gemeinsamen Freitod gegangen. Auch solche Ereig-

nisse prägen eine Epoche, die man als die der Décadence bezeichnet. Doch gerade aus ihrem Humus wachsen die tiefsten Einsichten in das Rätsel der menschlichen Psyche. Davon war Schnitzler nicht weniger fasziniert als Freud. Seine Erzählung *Sterben* ist ein erster Beitrag zum psychoanalytischen experimentellen Roman, den er kreierte. Würde man Schnitzler neben Hofmannsthal und Beer-Hofmann lediglich als einen der Autoren im »Dreigestirn der Wiener Décadence um die Jahrhundertwende« [Elias Canetti] sehen, wäre dieser Blickwinkel zu eng. Wer seinem Werk das Etikett »Décadence« anheftet, sollte sich dabei immer auch an Thomas Mann erinnern, der sich gerade »von der Seite der Krankheit her die kühnsten Vorstöße ins Dunkel des Lebendigen« erwartete. Beide Autoren kannten und schätzten einander. Mit Heinrich Mann war Schnitzler befreundet. Im *Doktor Faustus* von Thomas Mann, den Schnitzler nicht mehr erlebte, steht der Satz: »Genie ist eine in der Krankheit tief erfahrene, aus ihr schöpfende und durch sie schöpferische Lebenskraft.« Auch dieser Aspekt ist zu berücksichtigen, wenn von der Wiener »Décadence« und der »versunkenen Welt« des Fin de siécle gesprochen wird, als deren Darsteller Schnitzler so oft in einseitiger Weise apostrophiert wird. Er selbst sah seine literarische Berufung darin, aus »innerer Notwendigkeit« heraus »der fließende Spiegel der Welt« zu sein. Zeitgenossenschaft ist dabei geradezu eine Bedingung dessen, was darüber hinaus auf das Zeitlose im Wesen des Menschen und seiner sphinxhaften Psyche weist.

Mit *Sterben* – die Novelle wurde in den Monaten Oktober, November und Dezember 1894 in der Zeitschrift *Neue Deutsche Rundschau* von Samuel Fischer veröffentlicht und in dessen Verlag 1895 als Buch herausgebracht – errang Schnitzler einen großen literarischen Erfolg. Er bleibt von nun an Autor des berühmten Verlegers, der in seinem Bühnenvertrieb auch Schnitzlers dramatisches Werk übernimmt.

Noch bevor Schnitzler einem breiteren Publikum als Erzähler bekannt wurde – 1894 kamen auch seine Erzählungen *Blumen* und *Die drei Elixiere* heraus –, trat durch den Tod seines Vaters am 2. Mai 1893 eine entscheidende Wende in seinem Leben ein.

Er verläßt nun die Poliklinik und eröffnet eine Privatpraxis in der Wiener Falkengasse 1, wo er, zusammen mit seiner Mutter, auch eine Wohnung bezog. Am Stadttheater von Bad Ischl kann er einen kleinen Bühnenerfolg verbuchen. Am 14. Juli wird dort *Abschiedssouper* uraufgeführt, und das Publikum zeigt sich, wie der Autor selbstironisch feststellt, »angenehm entrüstet«.
Erstmals erhält Schnitzler nun aber auch einen Vorgeschmack auf die österreichische Zensur, ein Relikt aus den Zeiten Metternichs und Ursache steter späterer Konflikte. Zwar hatte Österreich sich nach einer Zeit düsterster Reaktion, die auf die 1848er Revolution gefolgt war, schon ein Jahr vor Schnitzlers Geburt, 1861, in die Reihe der konstitutionellen Monarchien eingefügt, die staatliche Zensur und eine durch sie betriebene Manipulation der öffentlichen Meinung waren jedoch erhalten geblieben. Die Angriffe kamen, wie schon bei dem aufklärerischen Volksdichter Ludwig Anzengruber, hauptsächlich von klerikaler Seite. Kirchliche Kreise machten es dann auch dem für die Zensur zuständigen Bezirkshauptmann zum Vorwurf, die Aufführung des Schnitzlerschen Stückes in Bad Ischl überhaupt genehmigt zu haben. Nur noch viereinhalb Monate sind es bis zum bereits erwähnten ersten Skandal bei der *Märchen*-Premiere in Wien. Auch dieses Schauspiel mochten die Freunde im Café Griensteidl noch so sehr loben – Hofmannsthal hatte es an die Seite der Stücke Gerhart Hauptmanns gestellt –, die Empörung der Sittenwächter war nun einmal laut geworden und meldete sich von jetzt an mit fast naturgesetzlicher Regelmäßigkeit zu Wort. Das ist in damaliger Zeit nicht verwunderlich. Hinter Schnitzlers Werken, auch den Komödien, steht immer der Ernst des Aufklärers, der Moral und Religion ebenso in Frage stellt wie etwa auch den Ehrenkodex der Offiziere und das schon von Schopenhauer ad absurdum geführte tödliche Ritual des Duells.
Die Duell-Problematik greift Schnitzler des öfteren auf. Dabei kann er auf persönliche Erfahrungen zurückgreifen. Schon 1889 hatte er sich »gegen die politische Färbung und den ignorablen Ton« der Ankündigung eines Ärzteballs im *Deutschen Volksblatt* gewendet, den ein antisemitischer Assistenzarzt der Poliklinik zu verantworten hatte. Kleinliche Vergeltungsmaßnah-

men blieben daraufhin nicht aus, so daß man Schnitzler riet, seinen Widersacher, entsprechend den geltenden Konventionen, zum Duell zu fordern, was dieser aber ablehnte. Sich zu duellieren, hielt er für die »heilloseste Albernheit«. Es sei atavistisch und sinnlos, »um einer solchen Lappalie willen Leben, Gesundheit oder auch nur den Nagel des kleinen Fingers zu riskieren«, stellt er noch in den späten Jugenderinnerungen fest. Offensichtlich aber hat ihn dieses Thema doch nachhaltig beschäftigt. Ein Duell steht auch am Ende des Schauspiels *Liebelei*.

Die Uraufführung dieses Dreiakters erlebt Schnitzler am 9. Oktober 1895 im Wiener Burgtheater. Ein großes Ereignis. In der Hofloge sitzen Erzherzog Karl und Erzherzogin Maria Theresia. Später schaut sich sogar Kaiser Franz Joseph das stets ausverkaufte Drama an. »Wundere mich überhaupt, daß man solche Stücke im Burgtheater aufführt«, bemerkt er dazu. Er wunderte sich mit Recht. In die heiligen Hallen dieses Theaters konnte *Liebelei* nur dadurch gelangt sein, daß die Zensur vor dem ebenso einfühlsam wie dramatisch geschilderten Schicksal eines braven »süßen Mädels« die Sozialkritik, die in diesem Drama steckt, aus den Augen verlor. Das Publikum zeigte sich von der traurigen Liebesgeschichte des armen Mädchens Christine, das sich in einen jungen Herrn gehobenen Standes verliebt und diesen durch ein Duell verliert, in das er wegen einer Frau aus seinen Gesellschaftskreisen geraten war, denn auch entsprechend gerührt. Anders als ihre abgebrühte Freundin, die Schlager-Mizi, kann Christine nicht von einem Liebhaber zum anderen wechseln. Sie fühlt sich seelisch mißbraucht und geht, so jedenfalls ist ihr Bühnenabgang aufzufassen, in den Tod – ein stummer Protest gegen die doppelte Moral der bürgerlichen Welt.

Mißstände aufzudecken, ist letztlich der Kern dieses Stückes, mit dem Schnitzler der Durchbruch zum anerkannten Theaterdichter gelang. Noch 1928 schreibt er darüber: »... ich nenne es zwar Schauspiel, aber es ist eine kleine bürgerliche Tragödie und es gibt wohl keine Heroine und Tragödin in Deutschland, die in den letzten Jahrzehnten die Rolle nicht gespielt hätte.«

Schon am 4. Februar 1896 kann Schnitzler der erfolgreichen Erstaufführung von *Liebelei* in Berlin beiwohnen. Dort gebietet der sechs Jahre ältere Otto Brahm, ein Freund Fontanes und Hauptmanns, über das Deutsche Theater. Er wird sich bis zu seinem Tod, 1912, für das dramatische Werk des Wieners einsetzen. Noch im Jahr der Berliner Erstaufführung kommt *Liebelei* in Köln (mit Marie Glümer als Schlager-Mizi), Graz, München, Mailand, Prag und Preßburg auf den Spielplan. Die Theater von Athen und Sofia folgen. Auch in Rußland hält das Schauspiel Einzug, und Schnitzler wird dort für längere Zeit zu einem der meistgespielten deutschsprachigen Dramatiker. 1897 geht *Liebelei* in New York auf die Bühne. – Der Arzt in der Wiener Falkengasse, der bei seltenen Patientenbesuchen während der Ordinationszeiten an seinen Stücken schreibt, hat einen Welterfolg errungen.

Neben Otto Brahm und dem der Moderne aufgeschlossenen Kritiker Alfred Kerr hatte Schnitzler sich nun auch mit Georg Brandes befreundet, den er 1896 auf einer Nordlandreise besuchte. Ein Leben lang wird die Freundschaft mit dem berühmten dänischen Literaturhistoriker und Autor dauern. Vorangegangen war dem Aufenthalt in Dänemark ein Besuch bei Henrik Ibsen in Norwegen. Der einflußreiche Dramatiker, der in seinen gesellschaftskritischen Stücken die bürgerliche Lebenslüge in einer für Schnitzler vorbildlichen Weise entlarvt hatte, kam dem vierunddreißig Jahre Jüngeren mit besonderer Liebenswürdigkeit entgegen. Er kannte dessen Namen bereits und hielt es für wünschenswert, *Liebelei* in Christiana aufzuführen.

Auch Begegnungen mit Frauen sind für diese Epoche wieder bedeutsam. Nach Mizi Glümers (später bitter bereuten) Untreue hat Schnitzler eine heftige Affäre mit Adele Sandrock. Der holländische Star am reich besetzten Himmel des Burgtheaters, der schon 1893 die Hauptrolle im *Märchen* gespielt hatte, übernahm zwei Jahre darauf die Rolle der Christine in *Liebelei*. Nun trat sie als Werbende um den Autor auf, der nach anfänglicher Reserviertheit schließlich ganz in den Bann ihrer explosiven Sinnlichkeit gerät. Am 30. Dezember 1894 notiert Hofmannsthal über Schnitzler: »Über den kommt jetzt das Leben. Er redet über seine Geliebte, die Adele Sandrock. Wie diese Frau für ihn notwendig war, um zur tieferen Wahrhaftigkeit der inneren An-

schauung zu gelangen. Diese Frau und der Tod, als Offenbarer des Lebens. Ihr bewußtes Ich und das traumhafte, das schauspielerische, wissen voneinander nichts.«
Die Beziehung war kurz, aber stürmisch. Am 8. Mai schreibt Schnitzler ins Tagebuch: »Man ist eben immer der Frau gegenüber, mit der man ein Verhältnis hat, pathologisch dumm.« Die exaltierte Dame wiederum fällt in ihren Briefen an ihn von einem Extrem ins andere. Einmal beschimpft sie ihn als »großen Schurken« und »abscheulichen Kerl«, dann wieder bekommt er von ihr, seiner »Dilly«, zu lesen: »Du bist ein Engel an Güte – Du bist ein Heiliger – Du bist erhaben über all diesen Erdenmenschen! – Ich nehme Deine Hand, schlag ein – ja – Arthur – hier hast du auch meine Hand – auch ich will und werde Dir ein Freund sein – fürs Leben. –« Aber die charakterlichen Unterschiede sind zu groß. Das ganze bleibt ein dramatisches Zwischenspiel. Ungeschminkt hat Schnitzler sich und Adele in der *Reigen*-Szene »Der Dichter und die Schauspielerin« auf die Bühne gestellt.
Viel einschneidender in das Leben des Autors ist eine andere Begegnung gewesen: die mit Marie Reinhard, Schnitzlers »Mizi II«. Die neun Jahre jüngere Gesangslehrerin war im Sommer 1894 in seiner laryngologischen Praxis erschienen. Im Jahr darauf, am 13. März 1895, dem »Tag der Märzgefallenen«, wie er notierte, wurde das gebildete Mädchen aus »bürgerlichem Hause« zu seiner Geliebten. Es ist ihr 24. Geburtstag. Eine tiefgehende und ernsthafte Beziehung entwickelt sich. Am 24. September 1897 bringt Marie Reinhard einen toten Sohn zur Welt. Schnitzlers Erschütterung darüber findet ihren Niederschlag in den Gedanken des Georg von Wergenthin vor seinem toten Kind, des stark autobiographischen Helden in dem 1908 veröffentlichten Roman *Der Weg ins Freie*: »Da lag dieser süße, kleine Leib, der fürs Dasein fertig war und sich doch nicht regen konnte. Da schimmerten große, blaue Augen, wie in Sehnsucht das Licht des Himmels in sich einzutrinken und todesblind, eh sie einen Strahl gesehen. Da öffnete sich wie durstig ein kleiner, runder Mund, der doch nie an den Brüsten einer Mutter trinken durfte. Da starrte dieses bleiche Kindergesicht, mit den fertigen Menschenzügen, das nie den Kuß einer Mutter, eines Vaters empfangen und spü-

ren sollte. Wie liebte er dieses Kind! Wie liebte er es jetzt, da es zu spät war. Eine schnürende Verzweiflung stieg in seine Kehle.« Marie Reinhard sollte nach dieser Totgeburt nur noch knapp sechs Monate leben. Sie starb am 18. März 1899 an einer Sepsis nach einem Blinddarmdurchbruch. Schnitzler sah sie zwei Tage bei vollem Bewußtsein sterben. »Seither dämmere ich hin, aber existiere kaum mehr«, schrieb er an Georg Brandes. Marie war ihm das Geschöpf, »das ich von allen Menschen der Erde am liebsten gehabt habe, meine Geliebte, Freundin und Braut«. In der Figur der Anna Rosner hat er Mizi Reinhard im *Weg ins Freie* ein Denkmal gesetzt. Noch der Siebenundsechzigjährige vermerkt im Tagebuch ihren 30. Todestag. Ein Widerspruch zu den Äußerungen über Mizi Glümer? Bei Schnitzler nicht.

Wenn in dieser Lebensskizze überhaupt so viel über die Frauen um den Dichter die Rede ist, so deshalb, weil sie es waren, an denen er reifte und denen er immer wieder neue schöpferische Impulse für sein dramatisches und episches Werk verdankte. Selbst wenn Schnitzler sich einmal fragt, warum ihm nicht alle Frauen »ohne Lüge, und ohne Qual für sich und die anderen« gehören können – ein Haremswunsch, den auch Hermann Hesse im »magischen Theater« des *Steppenwolf* hegte –, so steht dahinter beim gereiften Autor nicht der entwürdigende Gedanke beliebiger Austauschbarkeit, sondern viel mehr die Vision einer göttlichen Weiblichkeit in all ihren Aspekten einer zeitlosen aphroditischen Magie. Deshalb kann bereits der »leichtsinnige Melancholiker« Anatol, dieser »Hypochonder der Liebe«, zu einem seiner genußfrohen Partygenossen auf Distanz gehen, indem er ihm sagt: »Oder meinst du wirklich, daß ich dasselbe Leben führe wie ihr, wie du? Du meinst, daß unsere Abenteuer dieselben waren, weil sie von außen gleich aussahen? Du und deinesgleichen... ihr sucht in jedem Weib die Kokotte... ich hab in jeder Kokotte das Weib gesucht!« Ein Schlüsselsatz. –

Das Weib aber steht, so heißt es in der 1911 veröffentlichten Erzählung *Das Tagebuch der Redegonda*, »den Urgründen des Lebens«, jener Zone, »wo Wunsch und Erfüllung eines sind, näher« als der liebende Mann. Am Ende aber bleibt die Frau rätselhaft, unergründlich in ihrem Wesen, wie Katharina in der Erzählung

Die Fremde (1902). In diesem kurzen Prosatext, in dem Jenseitiges und Diesseitiges, Traumwelt und Tagwelt ineinander übergehen, können sogar somnambule, mystische Züge in der Gestalt der Katharina ein »schmerzliches Grauen« hervorrufen, das an das ambivalente Wesen und die uralte Macht der Großen Göttin archaischer Zeiten erinnert. Ähnlich mag Arthur Miller, der mehr als ein halbes Jahrhundert später geborene amerikanische Dramatiker, wenn auch »nur« auf Marylin Monroe bezogen, empfunden haben. In seiner Autobiographie *Zeitkurven* schreibt Miller über die Quellen seiner Dichtung: »... sie lagen in der Sinnlichkeit einer weiblichen Segnung, etwas, das anscheinend nicht ganz von dieser Welt war ... Die Muse ist immer eine heiligsprechende Frau gewesen, Gott helfe ihr!«
Schnitzlers große Kunst und Lebensweisheit war es, als ein »fließender Spiegel der Welt« aus eigenem Erleben und der Darstellung dessen, was Heinrich Mann einmal, auf ihn und die Welt der Donaumetropole bezogen, die »beste Zeitseele« nannte, die überzeitlichen, allgemeingültigen Daseinsgesetze herauszufiltern und sichtbar zu machen. Das verleiht Schnitzlers Dramen- und Romanfiguren schließlich ihre charismatische Ausstrahlung.

Der psychologische Tiefenforscher

Noch im Jahr der *Liebelei*-Erstaufführung am Deutschen Theater in Berlin (4. Februar 1896) bringt Otto Brahm dort am 3. November 1896 Schnitzlers *Freiwild* auf die Bühne. In diesem Stück geht es weniger um die Schauspielerinnen eines österreichischen Sommertheaters, die zum »Freiwild« erotisch abenteuernder Offiziere werden, als um die Kritik am »Ehrenkodex« der Offizierskaste. Ihr gegenüber werden alle Zivilisten zum Freiwild. So auch Paul Rönning, der sich schützend vor eine Schauspielerin stellt und einen aggressiven Oberleutnant ohrfeigt, das Duell mit ihm aber ablehnt. »Ist denn meine Ehre in jedermanns Hand, dem es gerade Spaß macht, sie anzugreifen?«, argumentiert er. »Ich kann ihm [dem Offizier] so wenig seine Ehre geben, als ich sie ihm nehmen kann. Nicht dadurch, daß er den Schlag bekommen, dadurch, daß er ihn verdient hat, hat er sie verloren.« Die gesellschaftlichen Zwänge sind jedoch so stark, daß sich Paul am Ende doch dem Schuß des Offiziers zu stellen hat. Nicht nur gegen die Institution des Duells ist dieses Drama gerichtet. Das Stück wendet sich letztlich auch gegen das konservativ-verknöcherte Klima der österreichischen Monarchie mit ihrem Kult des Militärs. Es ist durchaus kein Zufall, daß sich die Symbolfigur dieser Epoche, Kaiser Franz Joseph I., während seiner langen Regierungszeit (1848 bis 1916) fast nur in Uniform zeigte.

Schnitzler hatte bestimmte Schwächen seines Dramas selbst festgestellt. An Marie Reinhard schrieb er: »Der Held erfriert in seiner Theorie.« Das aber konnte ihn nicht veranlassen, auf einen Vorschlag Otto Brahms einzugehen, den Ausgang von *Freiwild* dahingehend zu ändern, daß Paul Rönning sich behauptete und den impertinenten Offizier erschösse, anstatt sich dem Druck der Verhältnisse zu fügen. Die Tendenz des Stückes, meinte Brahm, gewänne dadurch an Überzeugungskraft, denn »der

Mensch mit dem neuen Ehrgefühl würde als Sieger ganz anders dastehen denn als Gefallener«. Die gleiche Meinung hatte zuvor bereits Max Burckhard, der Direktor des Wiener Burgtheaters, geäußert, wo das Stück jedoch auf keinen Fall eine Aufführungschance gehabt hätte.

Überzeugender aber ist Schnitzlers Antwort vom 30. September 1896 an Brahm: »An dieser tragischen Notwendigkeit – daß nämlich der Vertreter rein menschlicher Anschauungen unterliegt – wird nichts dadurch geändert, daß in einem speziellen Falle der Vertreter der ›reinen Menschlichkeit‹ durch zufällige Geschicklichkeit oder Kraft Sieger bleiben mag; der typische Fall bleibt, daß soziales Übereinkommen mächtiger ist als Verstand und Recht... Wenn Paul einen unbequemen Herrn auf diese Weise wegräumt, so ist die ganze Affäre eine Privatsache geworden, und die allgemeine Bedeutung ist verpufft. Denn die Leute sollen nicht mit dem Gefühl aus dem Theater gehen: ›Wenn mich einer fordert und mich dann bedroht, werd' ich ihn einfach umbringen‹ – sondern sie sollen die Empfindung haben: so stehen die Dinge heute... es ist mir vollkommen unmöglich, etwas gegen meine künstlerische Überzeugung zu tun.«

Schnitzler ist sich seiner Rolle als Aufklärer bewußt. Das gilt auch für den skandalumwitterten *Reigen*. Über ihn berichtet er noch Olga Waissnix, acht Monate vor deren Tod, am 26. Februar 1897: »Geschrieben habe ich den ganzen Winter nichts als eine Szenenreihe, die vollkommen undruckbar ist, literarisch auch nicht viel heißt, aber, nach ein paar hundert Jahren ausgegraben, einen Teil unsrer Kultur eigentümlich beleuchten würde.«

Ärgerlich ist zu dieser Zeit ein boshafter Angriff von Karl Kraus auf die Literaten des ›Café Griensteidl'-Kreises, der Schnitzler besonders hart trifft. In seinem Buch *Die demolirte Litteratur* (1897) schreibt der berüchtigte Kritiker mit spitzer Feder: »Der am tiefsten in diese Seichtigkeit taucht und am vollsten in dieser Leere aufgeht, der Dichter, der das Vorstadtmädel burgtheaterfähig machte, hat sich in überlauter Umgebung eine ruhige Bescheidenheit des Größenwahns zu bewahren gewußt. Zu gutmütig, um einem Problem nahetreten zu können, hat er sich ein- für allemal eine kleine Welt von Lebemännern und Grisetten zurechtgezimmert, um nur zuweilen aus diesen Niederungen zu falscher Tragik emporzusteigen.« – Karl Kraus, der früher einmal höfliche Briefe mit Schnitzler wechselte, versäumt künftig keine Gelegenheit, den bei ihm aus unerfindlichen Gründen in Ungnade Gefallenen in seiner Zeitschrift *Die Fackel* zu verunglimpfen.

Schnitzlers Erfolg aber ist nicht mehr aufzuhalten. *Freiwild* wird noch 1897 in Breslau und in Gmunden aufgeführt, im November dann in Prag, wo sogar Offiziere, denen der Duellzwang offensichtlich selbst schon nicht mehr gefiel, fast demonstrativ applaudieren. In Breslau dagegen verlassen Offiziere die Vorführung aus Protest. Als das Stück am 4. Februar 1898 im Wiener Carltheater gezeigt wird, reagiert die Kritik wenig wohlwollend. Schnitzler berichtet Georg Brandes, »bei der Besprechung der angeblichen Tendenz« von *Freiwild* sei »so viel Borniertheit und Verlogenheit aufgeflogen – wie Staubwolken, wenn ein galoppierendes Roß über die Landstraße jagt. Insbesondere die antisemitischen Blätter leisteten Unglaubliches an Denunziation.«

Im gleichen Jahr werden die *Anatol*-Einakter *Weihnachtseinkäufe* und *Episode* uraufgeführt sowie am Deutschen Theater in Berlin und am Wiener Burgtheater *Das Vermächtnis*, wiederum ein Schauspiel mit gesellschaftskritischer Thematik. Weiter erscheint bei Samuel Fischer auch noch der Novellenband *Die Frau des Weisen*. Er enthält außer der Titelgeschichte die Erzählungen *Ein Abschied*, *Der Ehrengast*, *Blumen* und *Die Toten schweigen*.

Vom 11. Juli bis 3. September 1898 unternimmt Schnitzler, zeitweise in Begleitung von Hofmannsthal, eine Fahrradtour durch Österreich, die Schweiz und Oberitalien. Auf dem »Bicycle« oder dem »Velocipede« zu »reiten«, war damals noch ein avantgardistischer Sport der höheren Gesellschaftsschichten, den Schnitzler seit dem Sommer 1893 mit Leidenschaft betrieb. Das »Bicycle«, von dem er Marie Reinhard einmal mitteilt, wie er es »herumgetummelt« habe, wird ihm zeitweise sogar zum »Strohhalm, mit dem ich mich an die Lebensfreude klammere«. So steht es in einem Brief vom 4. August 1893 an den nicht weniger fahrradbegeisterten Theodor Herzl, der drei Jahre später in der

Neuen Freien Presse einen Leitartikel über das neue Fortbewegungsmittel schreibt, das, wenn es erst einmal auch für »die Proletarierkinder« erschwinglich wäre, einen »großartigen Umwandlungsprozeß« in der Gesellschaft einleiten würde. Schnitzler wird sogar Mitglied zweier »Velocipede-Clubs«, die um die Jahrhundertwende aus dem Boden schießen, zuerst in der »Radfahrer-Union ›Vorwärts‹«, dann im »Österreichischen Touring-Club«. Doch seit etwa 1907 – das alles ist nachzulesen in der »Bicycle-Lektion«, die Werner Welzig dem von ihm redigierten *Schnitzler-Tagebuch 1893-1902* als Anhang beigegeben hat – verringert sich die Velocipede-Begeisterung des Autors. Am 30. Juli 1910 schreibt er an Hofmannsthal, der von ihm zur Erlernung des »Bicyclefahrens« animiert worden war und bald darauf »eine große Freude« daran hatte: »...denken Sie, mein Rad hab ich – verschenkt.«
Dennoch bleibt das Rad weiterhin für Schnitzler bedeutsam. Bis in seine Träume dringt es ein. Dem Dichter aber wird es zum Vehikel schnell dahingleitender, gelegentlich fast schwereloser Bewegung, die dem Prozeß des Denkens und Nachdenkens offensichtlich ebenso entgegenkommt wie der dahinfliegenden Phantasie. So stellen sich denn auch im dritten Kapitel des Romans *Der Weg ins Freie* die Gedanken Georgs an den »ersten Abend vollkommenen Glücks«, das Anna ihm geschenkt hatte, während einer herbstlichen Fahrradtour ein. Sie widerspiegeln zugleich Schnitzlers Liebe zu Mizi Reinhard wie sein Verlangen nach Alleinsein und abenteuerlicher Ferne. »Und gleich darauf«, heißt es über Georg, »ehe noch das Gefühl des Danks und die Ahnung einer wirklichen Zusammengehörigkeit mit diesem sanften, sein ganzes Wesen mit so viel Innigkeit umschließenden Geschöpf in seiner Seele emporzudringen vermochte, flog durch sie ein sehnsuchtsvoller Traum von Fahrten über ein schimmerndes Meer, von Küsten, die sich verführerisch nähern, von Spaziergängen an Ufern, die am nächsten Tag wieder verschwinden, von blauen Fernen, Ungebundenheit und Alleinsein.« Wieder erscheint die Außenwelt, die reale Situation, wie im Film nach einer Rückblende der Erinnerung: der Weg führt durch dichten Wald in die Höhe, eine Berglinie erscheint und verschwindet

wieder, und »zuweilen, in beglückter Schnelle, sausten Radfahrer die Straße hinab«.

Am 27. März 1899 wird Schnitzler für seine Novellen und Dramen mit dem Bauernfeld-Preis ausgezeichnet. Zu dieser Zeit steht er noch ganz unter dem Eindruck des Todes von Marie Reinhard. Am 11. Juli begegnet er dann zum ersten Mal seiner späteren Frau, der intelligenten und ehrgeizigen, fast zwanzig Jahre jüngeren Olga Gussmann. Als sie ihn besucht, um sich ein Bild von ihm, dem verehrten Dichter, abzuholen, träumt sie davon, als Schauspielerin einmal die Christine in *Liebelei* zu spielen. Schnitzler aber weiß längst um die Empfindung einer unüberbrückbaren »Lebenseinsamkeit«. Seit dem Verlust Maries fühlt er sich gealtert, als hoffnungsloser Junggeselle. Ein bereits seit einigen Jahren aufgetretenes Ohrenleiden trägt zu solch melancholischen Stimmungen mit bei. Bis zu seinem Lebensende wird ihn dieses Leiden quälen. Es steigert sich von Ohrensausen bis zu peinigendem, unausgesetztem Zwitschern und stört erheblich nicht nur die Theater-, sondern auch die Konzertbesuche des großen Musikliebhabers.

Um so erstaunlicher ist seine literarische Produktivität: Schon am 1. März 1899 stehen auf dem Spielplan des Burgtheaters als Uraufführung die Einakter *Die Gefährtin*, *Der grüne Kakadu* und *Paracelsus*. In allen drei Stücken stellt sich die Frage nach dem Verhältnis von Wirklichkeit und Illusion.

In *Die Gefährtin* geht es um die leidvolle Toleranz eines Ehemannes, Professor Pilgrams, der sich auf zweifache Weise getäuscht sieht: sowohl im Wesen seiner viel jüngeren Frau als auch in der Bewertung ihres Ehebruchs. Dem lag keineswegs, wie er glaubte, eine große und von ihm darum stillschweigend und schmerzhaft tolerierte Liebe zu seinem Assistenten zugrunde, sondern lediglich der banale Reiz der Abwechslung. Im Unterschied aber etwa zur Wiener Operettenseligkeit, die um diese Zeit ihre Triumphe feierte und mit der *Fledermaus* letzten Endes einen mitreißenden Zynismus verbreitete, demontiert der als amoralisch verschrieene Schnitzler die psychischen und gesellschaftlichen Fassaden der Täuschung, um dahinter bestürzende Wirklichkeiten sichtbar zu machen.

Der grüne Kakadu porträtiert mit unnachsichtiger Satire die Welt der Aristokratie, wenn es auch die der Zensur weniger wichtigen Aristokraten Frankreichs zu Beginn der Großen Revolution sind. Die Groteske spielt am Abend des 14. Juli 1789 in der Pariser Spelunke ›Zum grünen Kakadu‹. Dort gibt eine verwegene Theatergruppe vor adeligen Gästen frivole Spiele zum besten, die sich unmittelbar darauf als blutige Wirklichkeit erweisen. »Sein... spielen... kennen Sie den Unterschied so genau, Chevalier?«, fragt der Dichter Rollin den naiven Provinzaristokraten Albin de la Tremouille, um selbst darauf zu antworten:

»Ich nicht. Und was ich hier so eigentlich finde, ist, daß alle scheinbaren Unterschiede sozusagen aufgehoben sind. Wirklichkeit geht in Spiel über – Spiel in Wirklichkeit.«

Der gleiche Gedanke findet sich in *Paracelsus*. Dieses »Versspiel in einem Akt« ist im Basel des 16. Jahrhunderts angesiedelt und bedient sich der historischen Figur des Arztes und Naturforschers Theophrastus Bombastus von Hohenheim, um die eitle Selbstgerechtigkeit und »satte Frechheit« eines Bürgertums ad absurdum zu führen, das im »Kreis dumpf kläglichen Behagens« sein auftrumpfendes Genügen findet und sich Außenseitern gegenüber, als deren Exponent Paracelsus geschildert wird, überlegen dünkt.

Durch Hypnose holt Paracelsus nun aus Justina, der wohlanständigen und liebenswerten Frau des überheblichen Waffenschmiedes Cyprian Geständnisse von Schuld hervor, bei denen schließlich die Grenzen zwischen hypnotisch Suggeriertem und verschüttet Wirklichem nicht mehr zu ziehen sind. Traum und Wirklichkeit mischen sich. »Geheimnis alles...« belehrt Paracelsus den Cyprian:

»Bedenkt dies Eine nur: daß jede Nacht
Uns zwingt hinabzusteigen in ein Fremdes,
Entledigt unsrer Kraft und unsres Reichtums,
Und alles Lebens Fülle und Verdienst
Von weit geringrer Macht sind als die Träume,
Die unserm willenlosen Schlaf begegnen.«

In dem immer wieder zitierten Schlußmonolog des Paracelsus heißt es dann:

»Es fließen ineinander Traum und Wachen,
Wahrheit und Lüge. Sicherheit ist nirgends.
Wir wissen nichts von andern, nichts von uns;
Wir spielen immer, wer es weiß, ist klug.«

Schnitzlers *Paracelsus* steht in bemerkenswerter zeitlicher Parallele zu Sigmund Freuds nach langer Vorarbeit im Frühjahr und Sommer 1899 niedergeschriebenen Buch, mit dessen Erscheinen sich im Jahre darauf die Psychoanalyse gewissermaßen etablierte: *Die Traumdeutung*. Der Traum wird in diesem umfangreichen Werk als die »Via regia zur Kenntnis des Unbewußten im Seelenleben« gedeutet, als der königliche Weg zur psychoanalytischen Einsicht. Diese zielstrebige Hinwendung zur inneren Welt und ihrer Erforschung – der die revolutionierenden Entdeckungen der Naturwissenschaften auf dem Gebiet der Atomphysik und später der Genbiologie entsprechen –, wird von der zeitgenössischen Literatur bewußt aufgegriffen. Schon frühere Abhandlungen Freuds, etwa die (zusammen mit Breuer verfaßten) *Studien über Hysterie* (1895) sowie Freuds *Zur Ätiologie der Hysterie* (1896) haben in der literarischen Welt Wiens ihre Spuren hinterlassen. So vertiefte sich Hugo von Hofmannsthal wiederholt in diese Schriften, als er das Libretto zu Richard Strauss' Oper *Elektra* schrieb. Hinsichtlich der *Traumdeutung* äußerte sich Stefan Zweig über die »druckentlastende, kathartische Wirkung«, die Freud »als den langvermißten und verleugneten Sinn des Traumes für unser Leben erkannt« hatte, und »diese erlösende Lösung«, schrieb er, gilt »ebenso für den nächtlichen Schlafgast wie für die höheren Formen alles Phantasierens und Tagträumens, also auch für Dichtung und Mythos«.
Was Schnitzler betrifft, wäre es aber verfehlt, ihn voll mit der Figur seines Paracelsus zu identifizieren. Er ist kein Autor, der den Mächten des Unbewußten ein zu weites Feld überläßt und sich mit dem Spiel von Traum und Wirklichkeit begnügt. Den Spielcharakter des Lebens zu durchschauen, bedeutet für ihn, die

Chance der Humanität durch Selbsterkenntnis zu vergrößern. Darum endet das Stück auch nicht mit dem Schlußmonolog des Paracelsus, sondern mit den Worten seines zur Einsicht gelangten Gegenspielers Cyprian:

»Ein Sturmwind kam, der hat auf Augenblicke
Die Tore unsrer Seelen aufgerissen,
Wir haben einen Blick hineingetan...
Es ist vorbei, die Tore fallen zu. –
Doch was ich heut gesehn, für alle Zeit
Soll's mich vor allzu großem Stolze hüten.
Es war ein Spiel, doch fand ich seinen Sinn; –
Und weiß, daß ich auf rechtem Wege bin.«

Immer mehr Unbewußtes bewußt zu machen, immer mehr »Es« zu »Ich« werden zu lassen, ist auch das humanisierende Ziel der Psychoanalyse. Bei Schnitzler aber findet sich ebensoviel Übereinstimmung mit der Lehre Freuds wie kritische Distanz. Seiner Sensibilität für die labyrinthischen Wege der Psyche – zu der in einer so frühen Erzählung wie *Der Sohn* (1889) auch bereits die Einsicht in die prägende Kraft allerfrühester Kindheitseindrücke gehört –, entspricht eine sich im Laufe der Zeit verstärkende Skepsis gegenüber einer zu großräumig abgesteckten Domäne des Unbewußten. Er sah den der Ratio noch zugänglichen Teil der Psyche, der aller Triebnatur entgegen noch Raum für eigenverantwortliches Denken und Handeln bietet, größer als die Analytiker. Am 9. März 1915 notierte er im Tagebuch: »...ich gestehe dem Unbewußten nicht so große Macht zu, – die Erklärer, besonders die Psychoanalytiker biegen zu rasch in diese Gasse.«
Schon zwei Jahre früher hatte er dem von ihm geschätzten Freud-Schüler Theodor Reik auf dessen Buch *Arthur Schnitzler als Psycholog* (1913) geschrieben: »Über mein Unbewußtes, mein halb Bewußtes wollen wir lieber sagen, weiß ich aber noch immer mehr als Sie, und nach dem Dunkel der Seele gehen mehr Wege, ich fühle es immer stärker, als die Psychoanalytiker sich träumen (oder traumdeuten) lassen. Und gar oft führt ein Pfad

noch mitten durch die erhellte Innenwelt, wo sie – und Sie – allzufrüh ins Schattenreich abbiegen zu müssen glauben.«
Dennoch war Schnitzler von Freuds *Traumdeutung* so tiefgreifend beeindruckt, daß die Lektüre dieses Werkes seine eigenen Träume, die er aufzuzeichnen und selbst zu interpretieren pflegte, aktivierte. Überhaupt schöpfte Schnitzler aus den Schriften Freuds Anregungen zur eigenen Produktion. Als er das Freud einmal mitteilte, antwortete dieser: »Es kränkt mich fast, daß ich fünfzig Jahre alt werden mußte, um etwas so Ehrenvolles zu erfahren.« Im gleichen Brief vom 8. Mai 1906 schreibt Freud: »Seit vielen Jahren bin ich mir der weitreichenden Übereinstimmung bewußt, die zwischen Ihren und meinen Auffassungen mancher psychologischer und erotischer Probleme besteht, und kürzlich habe ich ja den Mut gefunden, eine solche hervorzuheben (Bruchstück einer Hysterieanalyse, 1905). Ich habe mich oft verwundert gefragt, woher Sie diese oder jene geheime Kenntnis nehmen konnten, die ich mir durch mühselige Erforschung des Objektes erworben, und endlich kam ich dazu, den Dichter zu beneiden, den ich sonst bewundert.«
Schnitzler bemerkt in einem späteren Aphorismus, nicht die Psychoanalyse, sondern Freud sei neu, so wie auch »nicht Amerika neu war, sondern Columbus«. Unbewußt, meinte er, mußte »jeder Arzt, jeder Dichter, jeder Staatsmann, jeder Menschenkenner« Psychoanalytiker sein. Die Freudsche Analyse aber sei »eine schwerere Kunst als man glaubt«, dann nämlich, wenn sie nicht dogmatisiert wird, und sie »hat die Kenntnis von der Seele erweitert, indem sie ermutigte, in Tiefen zu forschen, die früher aus konventionellen Gründen, zuweilen auch aus Gründen des Geschmacks, am häufigsten aus Feigheit oder Grauen nicht durchforscht wurden«. Erhellende Worte in bezug auf Schnitzlers eigenes Schreiben als Tiefenforscher der Psyche. Selbst in seinen Lustspielen deckt dieser Autor immer wieder Abgründe des Daseins auf, die erschaudern lassen. Sie steigern zuweilen die Melancholie des Autors bis zum Gedanken der Selbstauslöschung. »Ich bitte Sie! Lustspiel!«, so Schnitzler einmal: »Ich habe die größte Mühe, die Leute am Leben zu erhalten.«
Wenn Schnitzler dem Unbewußten auch keine allzu große

Macht eingestehen möchte und länger auf der hellen Straße des Bewußtseins als im Schattenreich der Träume nach dem Rätsel der Seele suchen will, der Faszination der Träume, die »unserm willenlosen Schlaf begegnen«, wie es im *Paracelsus* hieß, kann er sich dennoch nicht entziehen.

Bald nach dem *Paracelsus*, am 1. Dezember 1900, wird am Lobe-Theater in Breslau *Der Schleier der Beatrice* uraufgeführt, auch dies wieder ein Drama in historischem Gewand, das den Traum thematisiert. Beatrice, zur Zeit der Renaissance die Geliebte eines Dichters, wird von diesem verstoßen und in die Arme eines machtbesessenen Herzogs getrieben, nur weil sie einmal träumte, diesem Mann zu gehören. Dem Künstler ist der geträumte Betrug so wirklich wie der real vollzogene: »Denn Träume sind Begierden ohne Mut...«

Ein Vierteljahrhundert später erscheint die *Traumnovelle*, wieder eine Dichtung, über die Freud, wie er Schnitzler schrieb, sich »einige Gedanken gemacht« hatte. Der Inhalt dieser spannenden Erzählung: Ein Ehepaar erlebt die chaotische Macht des Unbewußten im Ausleben dunkelster Triebe, Fridolin in Wirklichkeit, Albertine im Traum. Doch nun unterscheidet der Autor zwischen Wahrheit und Wirklichkeit. Die beiden erkennen, wie Hartmut Scheible es formulierte, »daß die Wirklichkeit der nicht domestizierbaren Triebwelt nicht das letzte ist«. Sie ist es so gewiß nicht, sagt Albertine, »als ich ahne, daß die Wirklichkeit einer Nacht, ja daß nicht einmal die eines ganzen Menschenlebens zugleich auch seine innerste Wahrheit bedeutet«.

Es gibt also über allen Determinismus und seine Wirklichkeit hinaus noch eine, wenn auch stets gefährdete, »innerste Wahrheit«. Damit legt Schnitzler, um nochmals Scheible zu zitieren, »den Grund zu verantwortlichem und bedingt freiem Handeln, das nicht ungefährdet zwar, aber doch frei ist von unbegründetem Optimismus wie von fatalistischer Unterwerfung unter die bloße Macht der Tatsachen«.

Auf welche Weise auch immer Schnitzler zu den Erkenntnissen gelangte, derentwegen ihn Freud beneidete: »Feigheit oder Grauen« vor den Abgründen der menschlichen Psyche mußte er jedenfalls überwunden haben, um zu seinen Einsichten zu gelangen. Freud spricht einmal von seinen »Arbeiten in der Tiefe« und vom »Aufenthalt in der Unterwelt der Psychoanalyse«. Solche Formulierungen erinnern an Franz Kafka, der 1922, zwei Jahre vor seinem Tod, über seine Arbeitsweise notierte: »Dieses Hinabgehen zu den dunklen Mächten, diese Entfesselung von Natur aus gebundener Geister, fragwürdiger Umarmungen und was alles noch unten vor sich gehen mag, von dem man oben nichts mehr weiß, wenn man im Sonnenlicht Geschichten schreibt. Vielleicht gibt es auch anderes Schreiben, ich kenne nur dieses...« Auch wenn Schnitzler anders schrieb als Kafka und mit diesem kaum zu vergleichen ist, das »Hinabgehen zu den dunklen Mächten« kannte er wohl. Und dem Bergmann gleich arbeitete er im selben Stollen wie der ihn bewundernde Freud. Erst viel später begegneten sich die beiden persönlich. Ihr Verhältnis, das von hoher Wertschätzung und vorsichtiger Distanz geprägt war, kommt am schönsten in dem Brief vom 14. Mai 1922 zum Ausdruck, in dem Freud an Schnitzler zu dessen 60. Geburtstag schrieb: »Ich meine, ich habe Sie gemieden aus einer Art von Doppelgängerscheu. Nicht etwa, daß ich sonst leicht geneigt wäre, mich mit einem anderen zu identifizieren oder daß ich mich über die Differenz der Begabung hinwegsetzen wollte, die mich von Ihnen trennt, sondern ich habe immer wieder, wenn ich mich in Ihre schönen Schöpfungen vertiefe, hinter deren poetischem Schein die nämlichen Voraussetzungen, Interessen und Ergebnisse zu finden geglaubt, die mir als die eigenen bekannt waren. Ihr Determinismus wie Ihre Skepsis – was die Leute Pessimismus heißen –, Ihr Ergriffensein von den Wahrheiten des Unbewußten, von der Triebnatur des Menschen, Ihre Zersetzung der kulturell-konventionellen Sicherheiten, das Haften Ihrer Gedanken an der Polarität von Lieben und Sterben, das alles berührte mich mit einer unheimlichen Vertrautheit... Ja ich glaube, im Grunde Ihres Wesens sind Sie ein psychologischer Tiefenforscher, so ehrlich unparteiisch und unerschrocken wie nur je einer war, und wenn Sie das nicht wären, hätten Ihre künstlerischen Fähigkeiten, Ihre Sprachkunst und Gestaltungskraft, freies Spiel gehabt und Sie zu einem Dichter weit mehr nach dem Wunsch der Menge gemacht.«

Der Weg zum Ruhm

In sechs Tagen, vom 14. bis zum 19. Juli 1900, schreibt Schnitzler im Kurhaus von Reichenau seine wohl berühmteste Erzählung: *Leutnant Gustl*. In dieser dem Umfang nach geringen, inhaltlich aber das Wesen einer ganzen Epoche erfassenden Novelle, entwickelt er das Stilmittel des inneren Monologs, den er in die deutschsprachige Literatur einbringt. Ganz schlüpft der Erzähler in den Kopf seines Helden hinein, der, für das Österreich der Jahrhundertwende bezeichnend, ein k. k. Leutnant ist, Angehöriger jenes ebenso verpäppelten wie in imperialistischen Denkschablonen und überholten Konventionen erstarrten Standes, der allein den Vielvölkerstaat in seinen divergierenden Kräften noch zusammenhält. Der von wechselnden Assoziationen getragene Monolog des Leutnants, in dem Aggressivität und Sexualtrieb einander bedingen, erinnert an die Technik psychoanalytischer Gesprächsführung, wobei sich der Dialog im Helden selbst, eben als ein innerer Monolog, vollzieht. Er ist von einer sprachlichen Dichte, die wie ein Sog auf den Leser wirkt, welcher in die innere Welt des Offiziers ebenso versetzt wird wie in dessen äußere Lebensumstände innerhalb einer dominanten gesellschaftlichen Wirklichkeit.

Dieser Leutnant Gustl, der sich im Konzertsaal bei einem Oratorium nur angeödet fühlen kann und in einer Welt des bürgerlichen Kunstgenusses seine Fremdheit und Unsicherheit mit Offiziersarroganz überspielt, pöbelt aus aufgestauter Aggressivität heraus – Steffi, seine Freundin, hatte an diesem Abend keine Zeit für ihn – an der Garderobe einen Bäckermeister an, der ihn daraufhin mit der berechtigten Bezeichnung »dummer Bub« bedenkt. Das geht natürlich gegen seine Offiziersehre. Da der Bäkker aber nicht satisfaktionsfähig ist, bliebe dem Leutnant Gustl nichts anderes übrig, als sich selber zu erschießen: »So ein Kerl wie ich, der dasteht und sich einen dummen Buben heißen läßt... morgen wissen's ja alle Leut'... ich kann ja gar nicht ordentlich denken... Ah... so!... also jetzt den Verstand zusammennehmen, Gustl... letzte Verfügungen treffen! Also morgen früh wird Schluß gemacht... morgen früh um sieben Uhr... sieben Uhr ist eine schöne Stund'. Haha! – also um acht, wenn die Schul' anfangt, ist alles vorbei...«

Doch noch am selben Abend trifft den Bäckermeister der Schlag. Welch ein Glücksfall für den Leutnant Gustl. Er darf weiterleben. Und schon kann er sich wieder richtig auf ein Duell mit einem anderen, satisfaktionsfähigen »Beleidiger« freuen, dessen Termin bereits feststand. Der satirische Monolog endet mit dem Satz: »Und nachmittag um vier... na wart', mein Lieber, wart' mein Lieber! Ich bin grad' gut aufgelegt... Dich hau ich zu Krenfleisch!«

Leutnant Gustl ist das Musterbeispiel eines im Grunde unsicheren und schwachen Charakters, der seine Minderwertigkeitskomplexe durch Identifikation mit einer homogenen Masse kompensiert, mit der Armee, einer privilegierten Schicht scheinbarer Elitemenschen, deren atavistischen Ehrenkodex er voll verinnerlicht. Zugleich aber verwirklicht er das Denkschema eines Großreiches mit imperialistischem Expansionsdrang, das von den eigenen Zielen gerne ablenkt, indem es Gefahren aus fernen Weltteilen heraufbeschwört und durch Verächtlichmachen von Minderheiten einer Sündenbockstheorie den Weg bereitet. So monologisiert der junge Leutnant zum Beispiel über jenen Doktor, den er zu »Krenfleisch« hauen wird, weil er sich seiner Meinung nach despektierlich über das Militär geäußert hat: »So eine Frechheit! Gewiß ein Sozialist! Die Rechtsverdreher sind doch heutzutag' alle Sozialisten! Eine Bande... am liebsten möchten sie gleich's ganze Militär abschaffen; aber wer ihnen helfen möcht', wenn die Chinesen über sie kommen, daran denken sie nicht. Blödisten!«

Und natürlich ist Leutnant Gustl Antisemit. Während des Konzerts mokiert er sich über das Publikum: »Es ist doch fabelhaft, da sind auch die Hälfte Juden... nicht einmal ein Oratorium kann man mehr in Ruhe genießen...«, und seine Gedanken eilen zu Steffis zahlendem Freund, dessentwegen sie heute wieder nicht Zeit für ihn hatte: »Muß übrigens ein Jud' sein! Freilich, in einer Bank ist er, und der schwarze Schnurrbart... Reserveleutnant soll er auch sein! Na, in mein Regiment sollt' er nicht zur Waffenübung kommen! Überhaupt, daß sie noch immer so viel Juden zu Offizieren machen – da pfeif' ich auf'n ganzen Antisemitismus!«

Am 25. Dezember 1900 wird *Leutnant Gustl* in der *Neuen Freien Presse* veröffentlicht. Drei Tage darauf reitet der Chefredakteur der *Reichswehr*, eines in Offizierskreisen verbreiteten konservativen Blattes, eine scharfe Attacke gegen die Novelle und ihren Autor. Nun ist Schnitzler als Reserveoffizier gefordert. Die Militärs erwarten eine Rechtfertigung von ihm. Wird er sich mit dem Verfasser des Artikels duellieren? Er denkt nicht daran. Die Armee hat kein Recht, auf seine literarische Arbeit Einfluß zu nehmen, ist sein Standpunkt. Da entzieht ihm der ›Ehrenrath für Landwehr-Oberoffiziere und Cadetten in Wien‹ am 26. April 1901 den Offiziersrang als Oberarzt. »Der Beschuldigte, Oberarzt Dr. Arthur Schnitzler«, heißt es in der Begründung, »hat die Standesehre dadurch verletzt, daß er, dem Officiersstande angehörig, eine Novelle verfaßte und in einem Weltblatt veröffentlichte, durch deren Inhalt die Ehre und das Ansehen der oesterr. ung. Armee geschädigt und herabgesetzt wurde, sowie daß er gegen die persönlichen Angriffe der Zeitung ›Reichswehr‹ keine Schritte unternommen hat.« Sein Offiziersdiplom wird abgeholt. Laut Wehrpaß ist er jetzt nur noch einfacher Sanitätssoldat des k. k. Landsturms.
Die ehrenrätlichen Aktivitäten hatten Schnitzler nicht gehindert, sich auf eine Italienreise nach Florenz und Rom zu begeben. Im Jahr darauf, 1902, reist er zusammen mit Otto Brahm nach Agnetendorf, um Gerhart Hauptmann zu besuchen. Er ist von überquellender Produktivität. Seine literarische Vielfältigkeit drückt sich nicht nur im Wechsel von dramatischen und epischen Werken aus, sondern auch in deren Thematik. Noch im Erscheinungsjahr von *Leutnant Gustl* und der Breslauer *Beatrice*-Aufführung war ein kleineres Prosastück von besonderem Reiz her-

ausgekommen: die in der Gegend des Veltlin spielende Erzählung *Der blinde Geronimo und sein Bruder*. In dieser anrührenden Geschichte eines schicksalhaft miteinander verbundenen Bruderpaares erweist Schnitzler sich erneut als Meister der sprachlichen Form wie der psychologisch einfühlsamen Motivierung.

Eine Reihe weiterer Erzählungen und Einakter entstehen in dieser Zeit: *Andreas Thameyers letzter Brief*, *Die Fremde*, *Die griechische Tänzerin*, *Exzentrik* sowie der Einakterzyklus *Lebendige Stunden* (mit *Die Frau mit dem Dolche*, *Die letzten Masken*, *Literatur*), der 1902 am Deutschen Theater Premiere hatte und dem Autor im Jahr darauf zum zweitenmal den mit 2000 Kronen dotierten Bauernfeld-Preis einbringt, freilich nicht ohne die Interpellation eines christlichsozialen Abgeordneten, der in der Verleihung an einen »jüdischen Literaten« eine Benachteiligung nichtjüdischer Schriftsteller sieht.

In diesem Jahr, am 26. August 1903, tritt eine einschneidende Änderung in Schnitzlers Leben ein: er heiratet Olga Gussmann, die ihm bereits am 9. August 1902 den Sohn Heinrich geboren hatte. Heinrich Schnitzler, der spätere Schauspieler und Regisseur, hatte zeitlebens ein ebenso liebevolles wie kameradschaftliches Verhältnis zu seinem verständnisvollen, berühmten Vater, dessen Werk und Nachlaß er bis zu seinem Tode, 1982, betreute und der literaturwissenschaftlichen Forschung in stets hilfsbereiter Weise zugänglich machte.

Nach der Hochzeit – einer der Trauzeugen in der Synagoge war Richard Beer-Hofmann – zieht Schnitzler von der Mutter weg und mit Olga und dem Söhnchen in eine eigene Wohnung in der ruhigen Spöttelgasse mit schönem Blick auf den Sternwartepark. Noch im Mai 1903 hatte er im Tagebuch »eine traurige Zeit« für sich festgestellt. Doch besser als befürchtet, wächst er in die Rolle des Gatten und Vaters hinein, wenn die Ehe auch nicht dauernd halten wird. Zu eigenwillig besteht die hochgebildete und intelligente junge Frau auf einer eigenen Karriere als Schauspielerin oder Sängerin, wenngleich ihre Begabung trotz Schnitzlers Unterstützung ihrer Bestrebungen gerade hierzu nicht ausreicht.

Im Juni 1903 beendet Schnitzler seine bis dahin bedeutendste Dichtung: *Der einsame Weg*. Das fünfaktige Schauspiel – am 13. Januar 1904 hatte es am Deutschen Theater in Berlin Premiere – darf als »Schlüsselstück zum Verständnis Schnitzlers« (Renate Wagner) betrachtet werden. Es ist eine Selbstabrechnung des Autors und zeigt, über alle autobiographischen Bezüge hinaus, den Menschen in seiner letzten Einsamkeit, gleichzeitig aber auch in seinem Eingebettetsein in eine metaphysische Lebensganzheit, deren Rätselhaftigkeit zuweilen erahnt werden kann.

»Wahrhaftig, man weiß nicht viel von einander«, erkennt Professor Wegrat, Direktor der Akademie der bildenden Künste im Hinblick auf die eigene Familie und den engsten Freundeskreis, und Gabriele, seine Frau, spricht kurz vor ihrem Tod ebenfalls von »diesen Menschen, die mir alle so nahe sind und die doch alle voneinander nichts wissen, kaum ihre Beziehungen zueinander kennen und dazu bestimmt scheinen, auseinander zu flattern, weiß Gott, wohin«.

Felix, ihr Sohn, erfährt, daß sein Vater nicht der ahnungslose Professor, sondern der undomestizierte Kunstmaler Julian Fichtner, ein Freund der Familie, ist, doch er hält dem gütigen Wegrat weiterhin die Sohnestreue, und der egozentrische Maler, der schon die Schauspielerin Irene Harms – eine Mizi Glümer-Erinnerung – verlassen hatte, verliert ihn für immer. Tragisch endet auch die Liebe Johannas, der Tochter Wegrats und Gabrieles, zu dem unheilbar erkrankten Dichter Stephan von Sala, der seinem Leben selbst ein Ende macht, nachdem sich Johanna angesichts der Ausweglosigkeit ihrer Situation in dessen Teich ertränkt hatte.

In der Figur des Stephan von Sala gab Schnitzler am meisten von sich selbst preis. Sala weiß: »Ja, die Traurigkeit steckt in den Dingen oft viel tiefer verborgen, als man ahnt.« Er hat aber auch ein magisches Weltbild, das auf die Einheit aller Dinge zielt. »Wenn Sie im Mittelpunkt der Erde wohnten«, sagt er zu Reumann, dem Hausarzt, »wüßten Sie, daß alle Dinge gleich schwer sind. Und schwebten Sie im Mittelpunkt der Welt, dann ahnten Sie, daß alle Dinge gleich wichtig sind.« Immer aber ist

der Tod ihm dabei gegenwärtig. Johanna versteht ihn. Ihr ist auch bewußt: »Ein Dasein ohne Schmerzen wäre wohl so armselig wie ein Dasein ohne Glück.«
Überhaupt ist diese Figur der Johanna von einer Aura des Geheimnisvollen umgeben. Sie empfindet bei all ihrer Liebe nicht nur, daß »die Welt weit und der Himmel unendlich« ist, »wenn man niemanden anhängt« – eine Vorwegnahme von Georgs Wunschträumen von »blauen Fernen, Ungebundenheit und Alleinsein« während seiner Fahrradtour im späteren Roman *Der Weg ins Freie* –, dieses elfenhafte, nachgerade mondverwobene Wesen überschreitet auch den Grenzbereich vom Realen zum Mystischen. Johanna sieht Krankheit und Tod voraus und kann sich »alles andere eher vorstellen als dies, daß ich nun zum ersten Male auf der Welt sein sollte«. So erinnert sie sich, den Gedanken der Palingenesie realisierend, vor langer Zeit einmal »eine Sklavin aus Lydien« gewesen zu sein, deren Tanz im Kreise vieler Männer auch Stephan von Sala zugesehen hatte.
In die Figur der Johanna floß etwas von Schnitzlers eigenem, stark ausgeprägten Ahnungsvermögen mit ein. Ein Beispiel dafür ist nicht nur der Traum, der ihn auf den Tod von Olga Waissnix vorbereitet hatte; am 1. Juni 1914 träumte ihm auch, er solle den ungeliebten österreichischen Thronfolger Franz Ferdinand töten. Als ihm dann am 28. Juni sein Bruder Julius telefonisch die Ermordung des Thronfolgerehepaars mitteilt, ist Schnitzler über diese Art von Antizipation erschüttert. Sein vorahnendes Gespür für die historische Lage zeigte sich aber auch schon im Monolog von Leutnant Gustl über die »Bosniaken«: »Die Bosniaken – schau'n gut aus – der Oberstleutnant hat neulich g'sagt: Wie wir im 78er Jahr unten waren, hätt' keiner geglaubt, daß uns die einmal so parieren werden!« 1878 war das Jahr, in dem Österreich-Ungarn Sarajewo erstürmte und die bisher türkischen Provinzen Bosnien und Herzegowina dem Reichslande unterstellte – ein Markstein auf dem Wege weiterer Balkankonflikte, die dann über den Sarajewomord zum Ersten Weltkrieg führten.
Zurück aber zum *Einsamen Weg*: Hofmannsthal rühmte den »Ton« dieses Stückes, in dem »in einer geheimnisvoll verdünnten

Luft ganze Existenzen miteinander ringen, miteinander abrechnen, Vergangenheit und Gegenwart ineinander wechselweise aufheben und sich ineinander verwinden«. Als Schnitzler an seinem 44. Geburtstag, am 15. Mai 1906, eine Aufführung des Schauspiels in Wien besucht, erlebt er einen persönlichen Triumph. Fünfundzwanzigmal wird er vor den Vorhang gerufen. Aber er gönnt sich nicht Zeit, Erfolge zu genießen. Immer neue Ideen überschwemmen ihn geradezu. Gleichzeitig quälen ihn Zwangsvorstellungen und Ängste, bis hin zu Todesgedanken. Aus diesem Spannungsfeld heraus entstehen die lebensnahen Figuren seiner Dramen und Erzählungen.

Noch im Jahr der Berliner Premiere von *Der einsame Weg*, am 22. November 1904, wurde am dortigen Kleinen Theater das Puppenspiel *Der tapfere Cassian* uraufgeführt – ohne Erfolg allerdings, im Gegensatz zum stürmisch bejubelten *Grünen Kakadu* –, und die Erzählung *Das Schicksal des Freiherrn von Leisenbohg* erscheint, wiederum eine Dichtung mit den Mächten von Liebe und Tod im Zentrum.

Schnitzler ist weniger ein Dichter der »versunkenen Welt« als ein Gestalter und Mitleidender eines Zeitalters des Übergangs, in dem die alten Normen brüchig geworden und die neuen erst umrißhaft am Horizont humaner Sehnsüchte sichtbar sind. »Das ist ja das Charakteristische aller Übergangsepochen, daß Verwicklungen, die für die nächste Generation vielleicht gar nicht mehr existieren werden, tragisch enden müssen, wenn ein leidlich anständiger Mensch hineingerät.« So die Erkenntnis des Schriftstellers Albertus Rhon in der Komödie *Zwischenspiel*, deren Ernst das Komödiantenhafte jedoch fast ganz verzehrt, so daß man »das Knarren der Maschine beinahe immer« hört, wie Schnitzler selbstkritisch feststellte. Es geht in diesem Stück um die Frage der »neuen Ehe«, den Ausbruch aus Zwängen bürgerlicher Konventionen, um sexuelle Freiheit und absolute Aufrichtigkeit zwischen den Partnern, ein Experiment, das jedoch zwischen Amadeus und Cäcilie zur Entfremdung und nicht zu vertiefter Gemeinsamkeit führt. Nur eine vage Hoffnung auf späteren Neubeginn bleibt. *Zwischenspiel* – von Alfred Polgar, einem Schnitzler-Feind in den Fußstapfen von Karl Kraus, beleidigend

bösartig kritisiert –, wurde am 12. Oktober 1905 am Wiener Burgtheater uraufgeführt. Im Januar 1908 erhielt Schnitzler dafür den Grillparzer-Preis.
Vielleicht hat der Autor sich im Hin und Her seiner Erfolge und Mißerfolge, seiner Depressionen und Hochstimmungen zuweilen die gleiche Frage gestellt wie in dem Einakter *Zum großen Wurstel* sein »Unbekannter im blauen Mantel«, nachdem er mit einem Schwertstreich die Drähte aller Marionettenfiguren gekappt hatte: »Bin ich ein Gott?... ein Narr?... bin ich euresgleichen? Bin ich es selber – oder nur ein Zeichen?« *Zum großen Wurstel*, im Lustspiel-Theater des Wiener Wurstelprater am 16. März 1906 uraufgeführt und nur wenige Wochen später vom Theater in der Josefstadt übernommen, wurde vom Publikum und der Kritik gleich enthusiastisch aufgenommen. Unter den Namen auf der Besetzungsliste findet sich auch der eines jungen, bisher wenig bekannten Schauspielers: Hans Moser.
Die Hauptarbeit Schnitzlers in diesem Jahr gilt jedoch dem Roman *Der Weg ins Freie*, der 1908 erscheint und dem Bühnendichter erneut Anerkennung auch als Erzähler einbringt.
Am 13. September 1909 wird der Autor zum zweitenmal Vater. Die von ihm über alles geliebte Tochter Lili kommt zur Welt. Achtzehn Jahre später wird ihr unmotiviert erscheinender Selbstmord in Venedig einen gebrochenen Mann aus Arthur Schnitzler machen. Jetzt aber schickt er sich erst einmal an, der Familie ein repräsentativeres Heim zu schaffen. Er erwirbt die Villa der Burgschauspielerin Hedwig Bleibtreu in der Sternwartestraße 71. Im Juli 1910 erfolgt der Einzug in das stattliche Haus im Grünen, in dem Schnitzler bis zu seinem Lebensende wohnt.
Am 24. November 1910 wird ihm mit der Premiere des breit angelegten historischen Schauspiels *Der junge Medardus* im Burgtheater ein sensationeller Erfolg zuteil. Das fünf Stunden dauernde Schauspiel mit einem Vorspiel, fünf Akten und dreizehn verschiedenen Bühnenbildern spielt im Jahre 1809 zur Zeit Napoleons. Der feurige Held Medardus, der antrat, Napoleon zu besiegen, ist in eine Liebesgeschichte mit Helene verwickelt und bietet schließlich nichts als »große, tönende Worte«. Alle An-

sätze zur heroischen Tat scheitern bei diesem »österreichischen Hamlet« [Hartmut Scheible] mit tragischer Notwendigkeit. Schnitzler hat seinen Helden bewußt als »ein ausnehmend inkonsequentes Subjekt« gestaltet. Es ging ihm, was durch die patriotische Thematik nicht sogleich auffällt, um die Darstellung menschlicher Verhaltensweisen und Schwächen unter dem Druck einer politischen Ausnahmesituation. Der historische Stoff erweist sich dabei als ein zeitlos gültiger. Beleuchtet wird vor allem die blutige Wirklichkeit hinter der Fassade von »Heldentum« und Kriegsbegeisterung. »Du hast so besondere Lust in den Krieg zu ziehen?« muß Medardus sich fragen lassen: »Du hast Lust, dazuliegen mit blutenden Wunden –, schäumende Pferde über dich sprengen und dir mit den Hufen in die Gedärme treten zu lassen?... Oder juckt's dich gar, verwundet und lebendigen Leibes mit den Toten in eine Grube geschmissen zu werden und in ihren Verwesensdüften zu krepieren?«
Wir sehen, Schnitzler leidet nicht unter jener »Phantasielosigkeit«, die er später für die Entstehung von Kriegen mitverantwortlich machen wird. Er kann sich diese überraschende, außerordentliche Phantasielosigkeit nur »als eine im Laufe der Zeiten allmählich entstandene innerliche Abwehr gegenüber der von menschlichen Sinnen nicht zu ertragenden Grauenhaftigkeit der Welt« erklären. »Könnte man sich den Tod vorstellen«, notiert er, »so wäre das Leben gewissermaßen unmöglich.« Was aber den Tod auf dem Felde der Ehre betrifft: »Man sagt, er ist den schönen Heldentod gestorben. Warum sagt man nie, er hat eine herrliche Heldenverstümmelung erlitten?« Solche, in den Aphorismen niedergelegte Gedanken sind auch dem *Medardus* nicht fremd. Dreißig Vorhänge gab es für Schnitzler bei der Uraufführung dieses Schauspiels, für das er im März 1914 mit dem Raimund-Preis ausgezeichnet wurde. Bis 1932 stand der *Medardus* immer wieder auf dem Spielplan des Burgtheaters. Publikum und Kritik hatten sich vom Dichter des »Seelendramas« zunächst kein historisches Ausstattungsstück erwartet. Um so begeisterter glaubten sie nun, den Autor in der Tradition Grillparzers sehen zu dürfen, eine Erwartung, die sich nicht erfüllte.

Schon das nächste Bühnenwerk, das Schnitzler auf den Höhepunkt seines Ruhmes führte, die fünfaktige Tragikomödie *Das weite Land*, spielt wieder in der Gegenwart, in Baden bei Wien und am südtiroler Völser Weiher, und es ist in seiner ungemein reich strukturierten Menschendarstellung und deren Handlungsmotivationen das »Seelendrama« schlechthin. Die ganze Tragikomödie, in der die Urmacht des Eros in ihrer Todverwobenheit erscheint, bestätigt den berühmt gewordenen Satz: »Ja – mein guter Hofreiter, die Seele... ist ein weites Land...« Der älter gewordene Glühlichterfabrikant Hofreiter, der sein bisheriges Leben nur als »Vorstudium« für »das Leben und die Liebe« sieht, antwortet auf die Frage Adeles, einer verflossenen Geliebten, ob es denn auf der Welt nichts anderes gebe als die Frauen: »Wenn man Zeit hat, und in der Laune ist, baut man Fabriken, erobert Länder, schreibt Symphonien, wird Millionär... aber glaube mir, das ist doch alles nur Nebensache. Die Hauptsache – seid ihr! – ihr – ihr!...«
Nachdem Hofreiter im Duell den Marinefähnrich Otto, den jungen Liebhaber Genias, seiner Frau, getötet hat, weist er die Liebe Ernas, eines jungen Mädchens, an dem ihm vorher so viel gelegen hatte, zurück, um als einer, der »niemandem auf der Welt« gehört, sein Leben weiter zu ertragen. Was ihm noch bleibt? Vielleicht die Sehnsucht. Früher hatte er zu seiner Frau einmal gesagt: »Sehnsucht ist meiner Ansicht nach ein sehr gesundes Element in der Ökonomie der Seele. Sehnsucht hat die Eigenschaft, menschliche Beziehungen zu verbessern. Ich finde überhaupt, man sollte die menschlichen Beziehungen mehr auf Sehnsucht einrichten als auf Gewohnheit.«
Das weite Land erlebte einen Monat nach dem Tod von Schnitzlers Mutter, die am 9. September 1911 starb, am 24. Oktober am Berliner Lessing-Theater seine Uraufführung. Gleichzeitig – einmalig in der Geschichte des Theaters – wurde die Tragikomödie (»so ziemlich... mein wirksamstes Theaterstück«) an weiteren sieben deutschsprachigen Bühnen gezeigt: in München, Prag, Leipzig, Breslau, Bochum, Hannover und am Burgtheater in Wien. Bei allem Ruhm und aller Bewunderung, die Schnitzler nun genoß, erhielt er sich »seine Bescheidenheit oder besser ge-

sagt die illusionslose, melancholische Nüchternheit, mit der er seinem Werte und seiner Wirkung gegenüberstand«. So hat Jakob Wassermann es einmal formuliert. Im Tagebuch aber durfte der sonst so skeptische Autor ohne Eitelkeit am 14. Juni 1915, nach mittlerweile vielen weiteren Aufführungen seines Stückes über *Das weite Land* bemerken: »Dieses wird bleiben, ja man könnte fast sagen: es wird erst kommen. Empfinde ich bei so vielem von mir, daß ich etwas weniger bin, als das was ich selbst einen ›Künstler‹ nenne: – hier bin ich etwas mehr.«

Man fragt sich immer wieder, wie Schnitzler, der zudem seine Arztpraxis nie formell auflöste, zahlreiche Reisen unternahm, gesellschaftlichen Verpflichtungen nachkam und eine umfangreiche Korrespondenz zu bewältigen hatte, der eine früh von Krisen geschütteltes Familienleben aufrecht erhielt, musikalische Tees mit Gästen wie Bruno Walter oder Egon Friedell gab und dabei zunehmend an seiner Ohrenerkrankung und schubweise an Hypochondrien litt, wie dieser Mann es schaffte, noch Zeit und Muße für sein umfangreiches Werk zu finden. Dabei war es ihm wichtig, seine Dichtungen, die er einer Sekretärin in oft mehreren Fassungen zu diktieren pflegte, einem Freundeskreis vorzulesen – Wassermann, Salten, Beer-Hofmann, Hofmannsthal und andere gehörten dazu –, ehe er sie der Öffentlichkeit preisgab.

Nicht nur *Das weite Land* wurde 1911 einem großen Publikum zugänglich, auch vier Erzählungen kamen zur Veröffentlichung: *Der Mörder*, *Die dreifache Warnung*, *Die Hirtenflöte* und *Das Tagebuch der Redegonda*. Alle vier Prosastücke eröffnen Abgründe der menschlichen Seele, Einblicke aber auch in Schnitzlers philosophische Gedankenwelt. Vom schrecklichen Doppelspiel und der »tödlichen Tücke« eines Mörders handelt die erste Geschichte, dem Zusammenhang von Allem und Jedem im Schicksalsfeld des Vorherbestimmten die zweite, von einem Sexualexperiment ähnlich dem im *Zwischenspiel* die mit märchenhaften Zügen ausgestattete dritte, und von der sich bis zu telepathischen Erlebnissen steigernden Kraft der Liebe und der Liebesphantasien die vierte. Ihr, dem *Tagebuch der Redegonda*, verlieh Schnitzler eine Aura des Geheimnisvollen, die an E. T. A. Hoff-

mann erinnert, wobei sich am Ende der Handlungsverlauf in nachgerade romantischer Ironie wieder auflöst, denn er entpuppt sich als Halluzination des Icherzählers auf einer nächtlichen Parkbank.
Schnitzler ist ein sehr merkwürdiger, in seinen Erzählungen immer wieder überraschender Autor. So thematisierte er beispielsweise in der Geschichte von der dreifachen Warnung schon vor mehr als achtzig Jahren den erst jüngst von der Wissenschaft verifizierten »Dominoeffekt«, demzufolge allerkleinste und fernste Ursachen größte Wirkungen zu zeitigen vermögen. Eine der drei Warnungen, die der Jüngling dieser kleinen Erzählung, die wie eine östlich-buddhistische Weisheitslehre anmutet, in Gestalt einer mysteriösen Stimme aus der Natur vernimmt, lautet, nicht über eine bestimmte Wiese zu gehen, weil sonst sein Vaterland ins Verderben gestürzt würde. Der Jüngling lacht über die Warnung und befolgt sie nicht. Daraufhin gefragt, ob ihm ein bestimmter Schmetterling aufgefallen sei, der ihn eine Weile umflatterte, antwortet er, viele gesehen zu haben. Da raunt die Stimme ihm folgendes zu: »Viele sahst du! Manche trieb deiner Lippen Hauch ab von ihrer Bahn; den aber, den ich meine, jagte dein wilder Atem ostwärts, und so flatterte er meilenweit immer weiter, bis über die goldenen Gitterstäbe, die den königlichen Park umschließen. Von diesem Schmetterling aber wird die Raupe stammen, die übers Jahr an heißem Sommernachmittag über der jungen Königin weißen Nacken kriechen und sie so jäh aus ihrem Schlummer wecken wird, daß ihr das Herz im Leibe erstarren und die Frucht ihres Schoßes hinsiechen muß. Und statt des rechtmäßigen, um sein Dasein betrogenen Sprosses erbt des Königs Bruder das Reich; tückisch, lasterhaft und grausam, wie er geschaffen, stürzt er das Volk in Verzweiflung, Empörung und endlich, zu eigener Rettung, in Kriegeswirrnis, deiner geliebten Heimat zum unermeßlichen Verderben. An all dem trägt kein anderer Schuld als du, Jüngling, dessen wilder Hauch den bunten Schmetterling auf jener Wiese ostwärts über goldene Gitterstäbe in den Park des Königs trieb.« Dies ist die sehr poetische Parabel einer im Grunde grausam determinierten Welt, in der jeder schuldig werden kann.

Woher hat Schnitzler die Fülle seiner Stoffe, woher nimmt er seine Ideen? »Dem wahren Künstler kann nie etwas einfallen, denn er hat alles in sich – er hat die innere Fülle. Das ist es, worauf es ankommt.« Das sagt Georg Merklin, der Puppenspieler in dem gleichnamigen Stück, das zusammen mit den anderen beiden Einaktern *Der tapfere Cassian* und *Zum großen Wurstel* unter dem Sammeltitel *Marionetten* am 10. Februar 1912 am Deutschen Volkstheater in Wien Premiere hatte.

Schnitzler ist nun bereits so berühmt, daß er seinen fünfzigsten Geburtstag, zusammen mit Olga, an Bord eines Schiffes in Venedig verbringt, um sich dem Jubiläumsrummel zu entziehen. Die Schiffsreise führte zuvor auf die Insel Brioni bei Pula. In Venedig trifft er jetzt neben anderen Freunden und Bekannten auch Rainer Maria Rilke, mit dem er bereits seit zwei Jahrzehnten sporadisch korrespondierte. Zum fünfzigsten Geburtstag erscheinen bei Samuel Fischer die Gesammelten Werke des Autors, drei Bände Erzählende Schriften und vier Bände Theaterstücke.

Für Oktober 1912 plant das Deutsche Volkstheater in Wien die Premiere von *Professor Bernhardi*. Doch die Zensur verhindert die Aufführung. Das berühmte und bis heute immer wieder mit Erfolg gespielte fünfaktige Drama, das Schnitzler als »Komödie« bezeichnet – als »Charakterkomödie«, wie er es mehrmals präziser kategorisiert –, wird dafür am 28. November 1912 am Kleinen Theater in Berlin uraufgeführt. Die Wiener bekommen *Professor Bernhardi* erst nach Beendigung des Ersten Weltkrieges, nach Abschaffung der Monarchie und der Zensur, am 21. Dezember 1918 im Deutschen Volkstheater zu sehen. Im Oktober 1920 wird Schnitzler dafür mit dem Volkstheaterpreis ausgezeichnet.

Bernhardi ist Professor für innere Medizin und Direktor des Elisabethinums, einer Klinik, ähnlich der heute noch bestehenden ›Allgemeinen Poliklinik‹ in Wien, die bekanntlich von Schnitzlers Vater geleitet wurde und dem Autor aus seiner ärztlichen Tätigkeit her gut bekannt war. Das »Vergehen« Bernhardis, für das seine intriganten Kollegen ihn sogar kurz ins Gefängnis zu bringen verstehen, war es, dem katholischen Priester den Zugang zu einer Sterbenden zu verwehren, die gerade einen Zustand beseeligender Euphorie erreicht hatte und durch das Erscheinen des Pfarrers »aus ungestörtem Wohlgefühl unvermittelt in Todesangst versetzt« worden wäre, wie Schnitzler es der Schülerin eines Mädchenpensionates einmal erklärte.

Zwei Positionen stehen hier einander in unlösbarem Widerspruch gegenüber: Auf der einen Seite der verständliche Anspruch des Priesters auf sein Recht, einer »Sünderin«, wie es in dem Stück heißt, »die Tröstungen der Religion« erteilen zu dürfen, auf der Gegenseite die nicht weniger verständliche Fürsorge des Arztes für seine Patientin, die aus ihrem letzten »glücklichen Wahn« zu reißen, ihm als »kein gottgefälliges Werk« erscheint. Darüber hinaus aber klafft ein Abgrund zweier Lebensauffassungen und Herkünfte: der zwischen dem katholischen Priester, der sich selbst »Glauben« und »Demut« attestiert, und dem des aufklärerischen jüdischen Arztes, dem der durchaus nicht unsympathisch gezeichnete Pfarrer »Unglaube« und »Vermessenheit« vorwerfen zu dürfen glaubt. Die ganze »Komödie« spielt auf dem Hintergrund einer antisemitisch durchsetzten, klerikalkonservativen Gesellschaft. Ihr sind auch deutschnationale Traditionen nicht fremd, wie sie in Studentenverbindungen gepflegt wurden, denen ironischerweise eine Zeitlang auch jüdische Kommilitonen – es sei an Theodor Herzl erinnert – und in Schnitzlers Drama der voll assimilierte jüdische Arzt Dr. Schreimann, der auf seinen »noch als Jud« erhaltenen »Schmiß« hinweist, angehörten.

Mit dramatischer Meisterschaft und sprachlicher Brillanz läßt Schnitzler in dieser »Charakterkomödie« seine Figuren agieren und sich in ihren Anpassungsmanövern dem politischen und obrigkeitlichen Stimmungsbarometer gegenüber demaskieren. Es sei nur an den Unterrichtsminister Flint, diesen »Minister für Kultus und Heuchelei«, erinnert, der es so blendend versteht, Egoismus und Karrierestreben als Ideentreue zu tarnen und das Fallenlassen von Freunden im Eigeninteresse als höhere Notwendigkeit im Dienste des Allgemeinwohls darzustellen. Ein besonders gutes Beispiel ist auch der Kandidat der Medizin mit dem über jeden Zweifel erhabenen Ariernamen Hochroitzpointer. Dieser ebenso unterwürfige wie intrigante, in puncto Intelligenz nicht gerade überbelichtete, dafür aber schmißverzierte Deutschnationale ist ein Typ, in dessen mediokerem Charakter Wesensmerkmale so mancher späterer Systemträger der Nazizeit vorgezeichnet scheinen, wenngleich es dem Autor »nur« um die Darstellung zeitgenössischer Möglichkeiten ging. Wegen des Klinikmilieus und Schnitzlers ärztlicher Beziehung dazu wird immer wieder angenommen, der Autor habe in der Figur Bernhardis ein Porträt seines Vaters gezeichnet und wirkliche Vorkommnisse an der Wiener Poliklinik zum Stoff seiner so ernsthaften Komödie gemacht. Das trifft jedoch nicht zu. Es würde auch den literarischen Wert dieses Bühnenwerkes zugunsten einer Polemik schmälern. Schnitzler selbst betonte in einem Brief vom 27. Februar 1913 an den großen dänischen Literaturhistoriker und Kritiker Georg Brandes: »Übrigens hat mein Titelheld, der ›Professor Bernhardi‹, von meinem Vater nur wenige Züge entliehen, und auch die anderen Figuren meines Stückes sind, mit der freilich unerläßlichen Benützung von Wirklichkeitsbezügen so frei gestaltet, daß nur Kunstfremde, an denen es natürlich niemals mangelt, hier von einem Schlüsselstück reden konnten. Meine Komödie hat keine andere Wahrheit als die, daß sich die Handlung genau so, wie ich sie erfunden habe, zugetragen haben könnte, – zum mindesten in Wien zu Ende des vorigen Jahrhunderts.«

Ein Tendenzstück zu schreiben oder eine bestimmte politische Frage zu lösen, war nicht Schnitzlers Absicht. Am 4. Januar 1913 schrieb er über *Professor Bernhardi* an den Historiker und Journalisten Richard Charmatz: »Denn ich empfinde es als meinen Beruf Menschen zu gestalten und habe nichts zu beweisen als die Vielfältigkeit der Welt.« Wohl aber stellte er mit der Figur des Bernhardi einen Menschen auf die Bühne, der die Existenz und das Gewissen des Einzelnen gegen das sogenannte »Wohl eines großen Ganzen« verteidigt, eine Bastion des Individualismus letzten Endes gegen die chaotischen Kräfte der Masse, wie sie dann bald darauf im Ersten Weltkrieg das Feld beherrschten. Es ist Bernhardis »innerstes Wesen«, aus dem heraus er sich, »ohne ein Kämpfer zu sein, jederzeit als Mann« benimmt, und das heißt als ein sich frei verantwortlich fühlender Einzelner.

Ein Jahr vor dem Ersten Weltkrieg, der Schnitzler nicht hinderte, seine literarische Produktion fortzusetzen, veröffentlicht er noch *Frau Beate und ihr Sohn*. In dieser Erzählung wird auf schockierende Weise – zum Teil wiederum mit dem Stilmittel des inneren Monologs –, das Abgründige im Wesen einer Frau und Mutter im Rahmen des Pathologischen und, dezent angedeutet, Inzestuösen ausgeleuchtet, mit Gefühlsverwirrungen und allen Spielarten innerhalb der Macht des Eros.

Erschütterungen – letzte Einsamkeit

»Immer mehr schwindet der Begriff des Einzelmenschen.« So Schnitzler in einem Aphorismus, in dem er den entmenschlichenden Individualitätsverlust durch den Krieg beschreibt. »Ohne Haß« sieht er die Soldaten des Ersten Weltkriegs sich in den Schützengräben gegenüberliegen, während Stäbe, Hauptquartiere, Diplomaten, der Hof und die Regierungen ihre Planspiele betreiben und die Artillerie »ins Leere gewissermaßen, in eine indifferenzierte Masse« schießt. Er dagegen steht, wie sein Professor Bernhardi, auf der Seite des Einzelmenschen. Ein anderer Aphorismus: »Der alte Kunstgriff der Politik vom einzelnen abzusehen, mit Massen zu rechnen, im Gegensatz zum Künstler, der die Masse in die einzelnen auflöst.« Bitter formuliert Schnitzler: »Es als Tugend auszurufen, daß sich Menschen zusammengehörig fühlen – das war der geniale Einfall eines Mächtigen, der eine Garde brauchte.«

Um ihn aber herrscht, auch in breiten Teilen der Intelligenz, der Künstler und Schriftsteller, Kriegshysterie. Die »sogenannte große Zeit« war angebrochen, unter der damals Hermann Hesse im Gegensatz zu vielen seiner Schriftstellerkollegen wie ein »Hiob« litt – Schnitzler lernte Hesse zehn Jahre später, im August 1924, in Lugano persönlich kennen –, eine Zeit, in der Begeisterte und Mitläufer es für deplaziert erachteten, wenn ein Dichter weiterhin die innere Welt des Individuums zum Schauplatz seiner Schöpfungen machte. Empört darüber, notiert Schnitzler schon im ersten Kriegsjahr, am 15. November 1914, im Tagebuch: »Die Ausnützung des Weltkriegs gegen das, was dieses Geschmeiß meine Decadence und Skepsis nennt. Ihr idiotisches Dogma vom ›Heldentum‹, für das sie nun gar in den Schützengräben Beweise suchen.«

Am 6. März 1915 läßt er sich über die »Kriegsschwärmer« und

»die Phantasielosigkeit der Völker« aus, »die von den Regierungen gefördert wird«. Auch künstlerisch hochgeschätzte Kollegen entgehen dabei nicht seinem kühlen Urteil: »Über die Dummheit deutscher Dichter. Hauptmann... der den Krieg gut findet, weil er ›ungelüftete Stuben‹ nicht mag. (Wenn ihm der Zug den Kopf wegrisse – ja ihm nur Zahnweh verursachte!).« Fast eineinhalb Jahrzehnte später liest er noch mit »großer Erschütterung« Erich Maria Remarques Antikriegsroman *Im Westen nichts Neues*. Schuld an dem, wie er allerdings glaubt, »unvermeidlich« gewordenem Krieg sind seiner Meinung nach alle an ihm beteiligten Völker. Doch weigert er sich, wie schon zuvor, »politisch-publizistisch hervorzutreten« und sich »im Streit der Meinungen zu beteiligen«. Grundsätzlich bezweifelt er in einer Zeit emotional hochgepeitschter Wogen des Patriotismus die Wirksamkeit von Appellen an die Vernunft. Am Burgtheater drückt man ihm das Bedauern darüber aus, wegen der Zeitumstände den *Medardus* nicht in den Spielplan nehmen zu können – wie sähe es auch aus, dem Publikum jetzt ein Wien unter den Franzosen vorzuführen! In Berlin, wo das Stück gespielt wird, fällt es durch. An den Münchner Kammerspielen wiederum weigert sich ein Schauspieler, die Rolle des Albrecht in dem Dreiakter *Der Ruf des Lebens* zu übernehmen – das Schauspiel hatte bereits im Februar 1906 in Berlin Premiere gehabt –, weil dieser junge Offizier sich gegen den Krieg ausspricht. Dem patriotischen Mimen gingen offensichtlich Albrechts Sätze nicht über die Lippen: »...der Teufel soll mich holen, wenn ich weiß, wofür ich mich niederschlagen lasse!« Oder: »... hinsinken, bluten, verenden, eingegraben werden für alle Zeit – wenn dir davor nicht graut, Freund, verstehst du weder Tod noch Leben!« In Rußland dagegen, wo Schnitzler geliebt und viel gespielt worden ist, erscheint jetzt auf obskure Weise ein frei erfundenes Interview mit ihm, das ihn als Literaturbanausen im Lager der Feinde sieht. Er hätte demnach Tolstoi als einen »alten Faselhans« bezeichnet, Maeterlinck der Schinderei an seinen Bauern bezichtigt, von Anatole France gesagt, ihn »irgendwie bestohlen« zu haben, und schließlich die Behauptung aufgestellt, »Hauptmann sei ein viel größerer Dichter als Shakespeare«. Freunde in Rußland ersuchten ihn dringend, sich gegen diese Verleumdung zur Wehr zu setzen. Auf Vermittlung Stefan Zweigs wendet er sich deshalb am 14. Dezember 1914 an Romain Rolland – den seine Kriegsgegnerschaft damals gerade mit Hesse in Verbindung brachte –, um ihn um publizistische Hilfe gegen dieses Pamphlet und eine französische Übersetzung seiner Erklärung zu bitten. »Daß eine so törichte Geschichte mir den ersten Anlaß geben würde, eine persönliche Verbindung mit Ihnen anzuknüpfen hätten wir uns wohl Beide nicht träumen lassen«, schreibt Schnitzler an Rolland. »Aber da es sich nun einmal so fügt, will ich diese Gelegenheit gern benützen, um Ihnen zu sagen, wie sehr ich Sie verehre und mit welchem Vergnügen, mit welcher wachsenden Freude ich Ihren wunderschönen Jean Christophe gelesen habe.«

Romain Rolland übersetzte Schnitzlers Erklärung nicht nur, er schrieb sogar ein Vorwort dazu und sorgte für eine Veröffentlichung im *Journal de Genève*, die dann auch von mehreren Zeitungen nachgedruckt wurde. Auch in Deutschland erscheint Schnitzlers Erklärung. Sie schließt mit den Sätzen: »Später einmal, wenn der Friede wieder da ist, wollen wir mit schmerzlichem Staunen erinnern, daß es eine Zeit gab, in der wir genötigt waren, über die Grenzen hinüber einander die Versicherung zuzurufen, daß wir zwar jeder unsere Heimat geliebt haben, daß wir aber trotzdem Gerechtigkeit, Urteil und Dankbarkeit niemals verlernt, daß wir, um es kurz zu sagen, auch in dieser ungeheuren Epoche der Verwirrung niemals grundsätzlich den Verstand verloren haben.« – Sätze, die mit Hesses damaligem Aufruf gegen den Krieg: »O Freunde, nicht diese Töne!« korrespondieren.

Als das Völkermorden zu Ende ist, hält Schnitzler den Versailler Vertrag Deutschland gegenüber für nicht weniger ungerecht als die Friedensbedingungen von Saint-Germain für Österreich. Bei den Wahlen gibt er seine Stimme, wie schon zu Kaisers Zeiten, zwar den Sozialdemokraten, doch nur, weil sie ihm als das geringere Übel angesichts der reaktionären Kräfte der konservativen, katholisierenden bürgerlichen Parteien erscheinen. Marxismus und Kommunismus lehnt er kategorisch ab. Politik und Politiker verachtet er überhaupt. Sicher ist er nicht ganz gerecht, wenn er in einem Aphorismus schreibt: »Es gibt dreierlei Arten von Politiker: solche, die das Wasser trüben, solche, die im Trüben fischen und solche – die begabten –, die das Wasser trüben, um im Trüben zu fischen.« In den ersten Nachkriegsjahren erkennt er – so in einem Brief vom 11. November 1920 an eine Bekannte – einen »Zustand grenzenloser Verwirrung... in dem die Welt sich befindet«, und schon im Jahr zuvor ist seine Arbeitskraft »so tief herunten wie noch nie«, wahrscheinlich »unter dem Einfluß dieses grauenhaften Weltzustandes«, wie er am 1. Oktober 1919 an Hofmannsthal schreibt.

Keinerlei politisches Engagement, wohl aber ein im Unbewußten liegendes Gespür für kommende Katastrophen ist es, das ihn auch in den folgenden Jahren weitab von den rauschhaften Gefühlsüberschwängen, auch denen des Expressionismus, hält, die man im nachhinein unter dem Begriff der »Goldenen Zwanziger« subsumierte.

Noch mitten im Krieg, am 14. November 1917, wird die Komödie *Fink und Fliederbusch* am Wiener Volkstheater uraufgeführt. Mit dem Mittel der Satire – in Schnitzlers Augen immer noch »so harmlos... als nur möglich« – demaskiert diese »Journalistenkomödie« das zynische Spiel der Politik mit der Wahrheit. Ein falscher, zweckoptimistischer Ausgleich der Meinungen wird da vom Chefredakteur einer liberalen Zeitung propagiert, der seine Pointe in der Doppelrolle des agilen Journalisten Fliederbusch findet, der gleich für zwei grundverschiedene Blätter schreibt: für ein liberales und ein klerikales. Eine ganze Reihe von Journalisten wird vorgeführt, jeder von ihnen, wenn nicht ein Meister der Doppelzüngigkeit, so doch der Anpassung. Der selbst dichtende Journalist Cajetan, der immer alles bereits vorher gewußt haben will und seine eigenen Theaterstücke zwecks Erfolgssteigerung gleich selber rezensiert, vertritt dabei die ins Eigennützige gewendete Philosophie von der »Identität der Gegensätze«, die am Ende jede politische Kritik gegenstandslos macht. Schnitzler aber, der in der weiteren Figur des reaktionären Grafen Niederhof auch noch einen Parlamentarier auf die Bühne stellt, dessen erfolgreiche Rede nichts weiter als »eine Art Fechterkunststück« ist – ähnlich hatte im *Professor Bernhardi* bereits Flint gearbeitet –, geht es um den verantwortlichen Gebrauch der Sprache, um die Integrität des Wortes. Deshalb gipfelt eine Grunderkenntnis dieser Komödie in der Feststellung: »Schwätzer sind Verbrecher.«

Der Grundeinfall zu dieser Komödie, die im Sommer 1917 vollendet wurde, reichte zwölf bis vierzehn Jahre zurück. Schnitzler hat sie »allermindestens drei Mal von A-Z geschrieben und diktiert... manche Stellen 6-12 Mal und in den verschiedensten Fassungen.« Daß die Kritik zumeist negativ auf das Stück reagierte und »gerade die minderwertigen Journalisten sich anläßlich des ›Fink und Fliederbusch‹ am wildesten« gebärdeten, wunderte ihn nicht. Auf *Leutnant Gustl* und *Professor Bernhardi* reagierten bestimmte Gruppen der Offiziere und der Ärzteschaft nicht anders.

Als großer Erfolg und von der Kritik wieder als Meisterwerk gelobt, erschien ebenfalls 1917 – zuerst im *Berliner Tageblatt*, dann bei Samuel Fischer – die (schon 1914 geschriebene) Erzählung *Doktor Gräsler, Badearzt*. Es ist die Geschichte eines älteren Junggesellen, der sich durch mangelndes Selbstvertrauen und Unentschlossenheit die Liebe eines »wundersamen Wesens«, der ebenso beherzten wie stolzen Sabine Schleheim, einer wesentlich jüngeren, ihm aber ebenbürtigen Frau, verscherzt. Er sucht seine Selbstbestätigung nun bei einer »hübschen Ladenmamsell«, einem anmutigen Mädchen, das der Achtundvierzigjährige in dem Augenblick wirklich zu lieben beginnt, als ein tückisches Schicksal es ihm entreißt. Der Badearzt findet sich, wie Stefan Zweig es formulierte, »gleichsam aus sich selbst erwachend, immer an anderer Stelle, als er wollte«.

Mit geradezu unheimlichem Tiefblick wird hier die Psyche eines innerlich vereinsamten Mannes offengelegt, nicht weniger aber auch die zweier völlig wesensverschiedener Frauen. Thomas Mann bedankte sich beim Autor für »die kostbare Gabe« dieser Erzählung, »die echtester Arthur Schnitzler ist, anmutsvoll wie je eine frühere und bei aller Weichheit und Süßigkeit doch wieder irgendwie dies strenge Lebensgefühl vermittelnd – ich werde nie aufhören, das zu bewundern«.

In der 1918 veröffentlichten Erzählung *Casanovas Heimfahrt* gibt es wiederum »Frauen – Frauen überall«. Casanova, der stets »alle seine Lebenspläne« hinwarf, wenn es um ein neues Liebesabenteuer ging, fragt sich, ob er bereue, »durch dieses ewige Suchen und Niemals- oder Immer-Finden, durch dies irdisch-überirdische Fliehen von Begier zu Lust und von Lust zu Begier«, nicht andere Daseinswerte versäumt habe. Doch er beantwortet sich die eigene Frage mit einem klaren Nein. Er kennt sich selbst und weiß auch um das weite Land der Seele: »Hatte er nicht schon unzählige Male erfahren, daß sogar scheinbar feindliche Elemente auf die friedlichste Weise darin zusammenwohnten?«

Die umfangreiche und spannende Casanova-Erzählung ist vor allem die Geschichte von der Unbarmherzigkeit und dem Grauen des Alterns. Wenn der einst so unwiderstehliche wie bedenkenlose Verführer nach einem Vierteljahrhundert seines abenteuerlichen Lebens heimkehrt nach Venedig, um in einem »elenden Gasthof« in traumlos-dumpfen Schlaf zu versinken, dann ist er ein von der Zeit Geschlagener, der soeben »das letzte Kapitel« seiner Laufbahn abgeschlossen hat. Und nicht nur die Weiblichkeit der schönen Marcolina hatte er dabei durch ein Betrugsmanöver, durch das sie in seinen Besitz gelangt war, geschändet. Es war vielmehr, »als hätte in dieser Nacht List gegen Vertrauen, Lust gegen Liebe, Alter gegen Jugend sich namenlos und unsühnbar vergangen«. Im vernichtenden Blick der jungen Frau mußte er »sein endgültiges Urteil« lesen, das da lautete: »Alter Mann. – Wäre es in diesem Augenblick in seiner Macht gestanden, sich selbst durch ein Zauberwort zu vernichten – er hätte es getan...«

Als wollte Schnitzler der Bitternis des alten Casanova ein ausgleichendes Gewicht an Lebensfreude entgegensetzen, läßt er den Abenteurer der Liebe noch ein zweites Mal auftreten, diesmal als jungen Mann von zweiunddreißig Jahren in *Die Schwestern oder Casanova in Spa*. Das Lustspiel hatte am 26. März 1920 am Wiener Burgtheater Premiere. In diesem unproblematischen, charmanten und mit leichter Hand geschriebenen Bühnenwerk in Versen, das drei Akte in einem vereint, spielt Casa-

nova aber nicht mehr die Hauptrolle. Die Handlung bestimmen nunmehr drei emanzipierte Frauen in bezauberndem Spiel: Anina, Flaminia und Teresa. Jede von ihnen meldet ihren Anspruch auf Casanova an, und der im Privaten so eifersüchtige Schnitzler räumt als Dichter seinen Geschöpfen dieses Recht mit heiterer Muse ein, ganz unbeschadet der Bindungen der Schwestern an ihre legitimen Partner. Richard Strauss, der wiederholt mit Schnitzler zusammentraf, interessierte sich für das Stück. Doch leider kam von keinem der dramatischen Werke des Autors, an denen dem Komponisten gelegen war, ein Libretto zustande. »Mir selbst ist selten was von mir so lieb gewesen« wie *Die Schwestern*, bekennt Schnitzler Hofmannsthal einmal, der die frühere Casanova-Erzählung nicht besonders schätzte.
Noch im Premierenjahr der *Schwestern*, am 23. Dezember 1920, wird am Kleinen Schauspielhaus in Berlin der *Reigen* uraufgeführt. Am 1. Februar 1921 kommt er in den Kammerspielen des Wiener Volkstheaters erstmals in Österreich auf die Bühne. Die nicht enden wollenden Skandale um dieses bereits vor der Jahrhundertwende geschriebene Stück nehmen ihren Anfang! Schnitzler ist darüber nicht erstaunt. Schon am 22. November 1920 sah er sich veranlaßt, an Dora Michaelis zu schreiben: »Daß man meine Sachen (allerdings nur in deutschen Landen) beinahe ausschließlich aufs erotische hin ansieht, durchschnüffelt, beurteilt, bin ich gewohnt; ich habe zu lesen bekommen, daß der Professor Bernhardi eigentlich ein alter Anatol sei, der im letzten Akt ausrufe: ›Verkaufts mei Gwand... i fahr in Himmel‹ – es stand gedruckt zu lesen, daß die Prinzessin von Valois (im Medardus) ein süßes Mädel sei; – ich könnte ein paar Dutzend, ein paar hundert Blüthen von gleichem Duft citiren (wenn man so sagen darf –); ich meine daß ich durch Mißverständnisse, Entstellungen, Thorheiten, Verlogenheit gerade auf dem Gebiet ›erotischer Literatur‹ in Beziehung auf A. S. allzu abgebrüht bin, um in irgend einem Fall selbst ein leidlich gerechtes und billiges Bedenken als sonderlich peinlich zu empfinden.«
Schnitzler, dem die schwierigen Inszenierungsprobleme des *Reigen*, der durch falsche Akzentuierung leicht ins Triviale abgleiten kann, wohl bewußt waren, weshalb er auch zeitlebens nur nach

reiflicher Überlegung seine Zustimmung zu einer Aufführung gab, hat nach eigenen Worten »die Melancholie darin viel stärker empfunden als die Lustigkeit«. Der *Reigen* könne auch, schrieb er ein anderes Mal, »›Der einsame Weg‹ Tragikomödie in zehn Dialogen« heißen.

Schon im Februar 1921 ist der *Reigen*-Erfolg in Wien ganz außerordentlich, doch, so schreibt Schnitzler seinem schwedischen Übersetzer, dem Regisseur Gustav Linden, »die fortgesetzte Hetze der antisemitischen Partei läßt leider voraussehen, daß es in absehbarer Zeit zu einem Verbot wegen Gefährdung der öffentlichen Sicherheit (nicht Sittlichkeit) kommen wird. Vor wenigen Tagen gab es schon einen Skandal im Theater. Ein Dutzend junger Leute drang während des 9. Dialogs ins Theater, wurde wieder hinausgewiesen, einige verhaftet, die sämtlich erklärten, daß sie das Stück weder gesehen noch gelesen hätten.«

Nach einer Saalschlacht am 16. Februar war es dann tatsächlich zu einem politischen Aufführungsverbot gekommen, das erst ein Jahr später wieder aufgehoben wurde. Auch in Berlin sind organisierte Skandale zu verzeichnen. Die Feinde des Autors waren äußerst aktiv. Schon am Tag der Wiener Erstaufführung hatte die *Reichspost* geschrieben: »Mit dem ›Reigen‹ hat Schnitzler das Theater, das uns ein Haus edler Freuden sein sollte, zu einem Freudenhaus, zum Schauplatze von Vorgängen und Gesprächen gemacht, wie sie sich schamloser in keiner Dirnenhöhle abwickeln können.« Dann folgen die uns bereits bekannten schnaufenden Dickwänste, deren weiblicher Anhang »den Namen der deutschen Frau schändet«, bis hin zur Drohung: »Allein wir gedenken den Herrschaften das Vergnügen bald zu verleiden.« Der Erfolg des *Reigen* ist dennoch nicht aufzuhalten.

Viel stärker als die Theaterskandale berührte Schnitzler die traurige Entwicklung seines Privatlebens: die Scheidung seiner Ehe. Sie wurde am 26. Juni 1921 in München von einem Rabbiner nach altem Ritual vollzogen. Seine Frau Olga, die einst einmal Gustav Mahler vorgesungen hatte und daraufhin Gesangsunterricht von Bruno Walter erhielt, fühlte sich durch den berühmten Gatten in ihrer künstlerischen Eigenentwicklung gehemmt, gelangte aber auch weiterhin zu keiner Erfüllung ihrer Wünsche.

Für das, was Schnitzler einmal im Unterschied zu der für sich in Anspruch genommenen »Sprache der Logik« ihren »Dialekt des Eigensinns« nannte, mochte sie in der befreundeten Alma Mahler ein Vorbild gesehen haben. Diese nunmehr mit dem von Schnitzler mit Zuneigung bedachten Franz Werfel verheiratete, affairenumwitterte Salonlöwin hatte sich in ihrer Ehe mit Mahler ebenfalls zu sehr im Schatten des großen Komponisten gefühlt.

»Und da steht man nun, nach zwanzig Jahren!« schrieb Schnitzler ein Vierteljahr vor der Scheidung, als Olga ihn bereits verlassen hatte. Er kümmert sich weiterhin liebevoll um die bei ihm verbleibenden Kinder und zeigt sich Olga gegenüber nach der endgültigen Trennung durch finanzielle Zuwendungen von beachtlicher Großzügigkeit. »Mein Herz ist voll Weh und Bitterkeit«, gesteht er einen Tag nach der Scheidung einer gemeinsamen Freundin. Noch hegt er die Hoffnung, daß »zwei Menschen, die einander einmal so unendlich viel gewesen, sich vielleicht wieder verstehen, – sich irgendwie – irgendeinmal wieder finden könnten und müßten«. Sie bleiben auch weiterhin »gute Freunde« und halten brieflichen Kontakt. Doch Schnitzler leidet darunter, von Olga, wie er glaubt, verkannt zu werden. »Auch für mich gibt es Erschütterungen, denen ich mich nicht gewachsen fühle«, schreibt er ihr am 23. April 1924, und »ich bin nicht schwindelfrei genug, um an Abgründen Gespräche zu führen.« In späteren Jahren, als Olga sich bereit zeigt, zu ihm zurückzukehren, nimmt er sie nicht wieder bei sich auf.

Mittlerweile ist Schnitzler weltberühmt. Durch die »*Reigen*«-Skandale, so widerwärtig sie auch waren, hat seine Popularität noch zugenommen. Er wird in viele Sprachen übersetzt. Aus Amerika, Skandinavien und Deutschland überschwemmt man ihn mit Filmangeboten. In Deutschland erlebt der *Medardus* (1922), in den USA der *Anatol* (1923) seine Transformation aufs Zelluloid, ins faszinierende Massenmedium der noch herrschenden Stummfilmzeit. Als Stummfilm halten in späteren Jahren auch *Liebelei* (1927), *Freiwild* (1928) sowie die Novelle *Fräulein Else* (1929 mit Elisabeth Bergmann, Albert Bassermann, Albert Steinrück und Adele Sandrock) Einzug in die deutschen Kinos, während *Spiel im Morgengrauen* einen Monat vor Schnitzlers

Tod noch in den USA als Tonfilm auf der Leinwand erscheint. Wenn der Autor sich auch über »dieses ganze Filmvolk« in Amerika, das es »an der primitivsten Höflichkeit fehlen läßt«, zu ärgern Anlaß hat und er zuweilen von den Tantiemen »keinen Cent« zu sehen bekommt – »Es ist die schmierigste Erpresser- und Gaunerbande, die man sich vorstellen kann«, schreibt er im April 1931 an den Sohn –, so lebt er zuzeiten doch von den Filmhonoraren besser als von den Theater- und Bucheinnahmen. Keineswegs ist es aber so, daß der Erfolgsautor nicht auch finanzielle Engpässe zu bestehen gehabt hätte und Geldsorgen ihm fremd gewesen wären. »Unerfreulicher Contostand« steht unter dem 27. Dezember 1926 im Tagebuch: »Nur neue Bücher werden gekauft. – Keine Aufführungen meiner Stücke.« Schnitzler, der die öffentlichen Dinge verachte, äußerte sich Heinrich Mann damals über ihn, sei nun deren wehrloser Spielball geworden: »Das sollte verboten sein vor der Würde eines alten Meisters.« So sehr dieser Meister auch weiterhin geachtet wurde, man hatte ihm, nachdem er lange genug als der »Dichter des süßen Mädels« galt, ein weiteres Klischee verpaßt: das des Gestalters der »versunkenen Welt«. Ärgerlich darüber schrieb Schnitzler schon im Dezember 1924 an Brandes: »Für mich hat jetzt das Völkchen eine neue Formel gefunden. Daß ich nämlich eine ›versunkene Welt‹ gestalte, für die sich kein Mensch mehr interessiere. (Man darf nur Dramen von 1924 schreiben – haben Sie das gewußt?). Auch sind Tod und Liebe unwürdige Sujets; – nur Grenzregulierungen, Valutenänderungen, Steuerfragen, Diebstähle und Hungerrevolten interessieren den ernsten (insbesondere ernsten deutschen) Mann.«

Dabei blieb sein Werk keineswegs unbeeinflußt von den großen Bewegungen der Zeit. Das gilt auch für die *Komödie der Verführung*, die am 11. Oktober 1924 am Burgtheater Premiere hatte. Dieser Dreiakter mit seinen märchenhaften und irrealen Anklängen, in dem die emanzipierten Frauen dominieren, die keinem wie auch immer gearteten Casanova oder Don Juan mehr das Opfer ihrer freien Selbstbestimmung zu bringen bereit sind, wenngleich sie sich alle der Macht der Liebe beugen, dieses so seltsam zwischen Traum und Wirklichkeit schwebende Stück ist im Grunde auch eine politische Komödie. Die Handlung endet am 1. August, mit dem Beginn des Weltkriegs, und schon im zweiten Akt wird für die im Netz erotischer Beziehungen Verstrickten ein Walzer nach »dem merkwürdigen Titel ›Weltuntergang‹« gespielt. Ein Bankpräsident spekuliert mit dem Krieg, ein Staatsanwalt hält ihn für »zweifellos reinigend«, und eine Fürstin zitiert eine Exzellenz, »die neulich beinahe wörtlich dasselbe behauptet« hat: »Ein wahrer Jungbrunnen für die Menschheit, hat er g'agt, wär' ein Krieg.« Mit seinem Beginn zerstiebt die ganze Gesellschaft mit ihrem Tanz auf dem Vulkan in alle Winde. Trotz oder wegen ihrer »Modernität« wurde diese Komödie ein Mißerfolg.

Um so größer waren dagegen im gleichen Jahr das Lob der Kritiker und die Auflagenzahlen, mit denen die im November erschienene Erzählung *Fräulein Else* bedacht wurde. Das Sujet: Ein finanziell ruinierter Vater verlangt von seiner Tochter, einen alten Lebemann um Geld zu bitten, der dann auch prompt von ihr dafür die seinen Gepflogenheiten entsprechende Gegenleistung fordert. Else, das verzweifelte Mädchen, das den Untergang des Vaters aufhalten, sich aber nicht zur Dirne machen lassen möchte – Dorsday, der reiche Lüstling, ist mittlerweile schon damit zufrieden, sie wenigstens nackt sehen zu dürfen –, bricht in eine irrationale Handlung aus. Sie erscheint vor der versammelten Hotelgesellschaft im Evaskostüm: »Alle, alle sollen sie mich sehen!« Darauf nimmt sie eine Überdosis Schlafmittel: »Ich fliege... ich träume... ich schlafe... ich träu... träu... ich flie...« So endet die Novelle, die formal den inneren Dialog von *Leutnant Gustl* wiederholt, in ihrer Vielschichtigkeit aber diese frühere Erzählung weit übertrifft. Die Ambivalenz einer Vater-Tochter-Beziehung ist in Elses Konflikt ebenso miteinbezogen wie die historische Umbruchssituation einer Zeit zwischen alten Autoritätsstrukturen und neuem individualistischem Freiheitsstreben. Am eindrucksvollsten aber ist das Einfühlungsvermögen, mit dem hier ein sechzigjähriger Autor die innere Welt eines jungen Mädchens beschreibt, in der Träume und erotische Phantasien, Verantwortungsgefühl und Angst, Panik und Erregung sich dramatisch überlagern.

Nicht weniger bewundernswert ist die ungemein spannende und lebendige Darstellung des Schicksals eines jungen Offiziers, der sich wegen einer nicht einzulösenden Spielschuld das Leben nimmt, während wenige Minuten später die rettende Wende erfolgt wäre: die Geschichte des jungen Leutnants Wilhelm Kasda in der Erzählung *Spiel im Morgengrauen* von 1926. Vor seinem Ende wird Willi, »als erwache er aus einem wirren Traum«, noch die Selbsterkenntnis zuteil, in Wahrheit nicht besser zu sein als Leopoldine, eine zur eiskalten Unternehmerin aufgestiegene Prostituierte, die er früher einmal gedankenlos gedemütigt hatte, wofür sie sich nun, »ein freier Mensch« und »von niemandem abhängig, wie – ein Mann«, mit ihm spielend, an ihm rächt. »Auf dem Grunde seiner Seele, sosehr er sich dagegen wehrte, begann er eine verborgene und doch unentrinnbare Gerechtigkeit zu verspüren, die sich über das trübselige Abenteuer hinaus, in das er verstrickt war, an sein tiefstes Wesen wandte.« Durch diese Einsicht – man könnte sie mit einem Begriff der buddhistischen Upanishaden als ein »tat twam asi«, ein »Das bis Du«-Erlebnis bezeichnen – weist auch diese Erzählung aus dem zeitgebundenen Wiener Milieu hinaus ins zeitlos Gültige.
Überhaupt verfügt Schnitzler über ein weit gefächertes thematisches Spektrum. So ist bereits 1925 neben der *Traumnovelle* die ein Jahr zuvor entstandene Erzählung *Die Frau des Richters* erschienen, die zur Zeit Diderots und der französischen Aufklärung in einem deutschen Fürstentum spielt. Mit feiner Ironie wird darin im getragenen Sprachstil der klassischen Novelle die Geschichte des Richters Adalbert Wogelein erzählt, einer Dorfgröße, die »ein Hasenfuß« ist und »den Helden spieln« wollte. Wäre es nicht zu unschnitzlerisch, könnte man von abgeklärter Altersweisheit sprechen, mit der hier Charaktere verschiedener Stände geschildert werden – der des Richters, der seines Schulfreundes Tobias, eines wilden Revoluzzers, und der von Adalberts schöner Frau Agnes, die den Charakterschwächling verläßt, um im »Haus der Gartenmägdlein« dem jungen Herzog zur Verfügung zu stehen. Dieser hat seine Freundschaft mit Diderot, seine aufklärerischen Tugenden und alle guten Regierungsvorsätze bald vergessen. Auch das väterliche Maitressenreservoir im

Garten von Karolslust läßt er bestehen. Als Karl Eberhard XII., Herzog von Sigmaringen, regiert er im gleichen Stil weiter, wie schon sein Vater Karl Eberhard XI. es tat.

Schnitzler, dem »die ganze Welt Material für sein Werk« war, überrascht immer wieder durch die Wahl seiner Stoffe und die Vielfalt stilistischer und gattungsmäßiger Formen, in denen er sie als Dramatiker oder Erzähler nach einer stets langen Ausreifungszeit – mit Ausnahme des in zwei Wochen geschriebenen *Leutnant Gustl* – Gestalt werden läßt. Das gilt insbesondere für seine letzte große Arbeit. Es ist der in 106 Kurzkapiteln gegliederte Roman *Therese – Chronik eines Frauenlebens*, der 1928 nach einer fast vier Jahrzehnte zurückliegenden Vorstudie (der Novelle *Der Sohn*) erschien.

Dieses Prosawerk, das den erschütternden, weil schuldlosen Abstieg einer verarmten Offizierstochter, der Therese Fabiani, schildert, nimmt eine Sonderstellung in Schnitzlers Gesamtproduktion ein. Nach einem liebelosen, grauen Dienstbotendasein als Kindermädchen stirbt Therese durch die Hand ihres mißratenen unehelichen Sohnes, den die sozialen Umstände dem Verbrechermilieu zutrieben. Erstmals hat Schnitzler sich in diesem Roman, den er sich im ganzen »eher abgerungen« hat, wie er im Tagebuch notiert, der sozialen Problematik zugewandt, der Umwelt der vom Leben Benachteiligten. Das hob die Kritik mit besonderer Anerkennung hervor. Freilich gab es dabei auch Mißverständnisse.

Auf den Artikel einer freundlichen Rezensentin, den der Autor von Samuel Fischer erhielt, antwortete Schnitzler ihm am 12. November 1928: »Die Dame überschätzt die ›Therese‹ in mancher Hinsicht und daß hier ein ›großartiger Beginn sich kündet‹, ist ein liebenswürdiger Irrtum, der seine Entstehung, wie mich dünkt, mehr der jetzt allgemein üblichen, sagen wir sozialpolitischen Einstellung als ästhetischer Betrachtungsweise verdankt.« Ein »heilloses Geschwätz« aber nennt er es, wenn man ihm unterstellt, sich erst jetzt bewußt geworden zu sein, »daß auch in Österreich die Welt aus tausend Wunden blutet und die Liebenswürdigkeit der Sonnbeschienenen« sich nun vor dem Elend der Notleidenden verkriechen müsse. Wird er dann gar noch gelobt,

»im Schiffbruch seiner gleißenden Welt« nunmehr »zuerst an die Andern« gedacht zu haben, in einem »Heimverlangen« zu den Leidenswegen »der Mühseligen und Beladenen«, um sich dadurch schließlich »von sich ganz zu sich« zu erlösen, kann er darauf nur antworten: »Wie gut gemeint und welch blühender Unsinn.«

Am Erfolg seines Romans konnte Schnitzler keine Freude haben; denn im Sommer war eine Katastrophe über ihn hereingebrochen: Lili, seine achtzehnjährige Tochter, hatte Selbstmord verübt. Mit der Pistole ihres Gatten, des italienischen Hauptmanns und Mussolinianhängers Arnoldo Capellini, den sie erst ein Jahr zuvor geheiratet hatte, schoß sich die exaltierte junge Frau am Abend des 25. Juli in Venedig, wo die beiden lebten, im Badezimmer eine Kugel in die Brust. Die Frage nach dem Warum bleibt ungelöst. Lili war bereits für einen Spaziergang mit Arnoldo zurechtgemacht. Nach erfolgloser Operation stirbt sie in der Nacht des 26. Juli. Noch im April des Vorjahres war Schnitzler mit ihr und dem Schwiegersohn von Venedig aus an Bord der ›Stella Italia‹ nach Korfu, Rhodos und Konstantinopel gereist, und noch am 11. Januar 1928 hatte er, seinen Hofreiter zitierend, an Olga, die geschiedene Frau, geschrieben: »Mit 40 sollte man jung werden – dann hätte man was davon – Wie erst mit 65!«

Nun treffen er und Olga sich zur Beerdigung der Tochter in der Lagunenstadt. Schnitzler ist ein gebrochener Mann. Als Alma Mahler in Wien kondoliert, findet sie »einen gelben erloschenen Greis und eine schwarzgekleidete Mutter« vor. Der Schriftstellerin und Übersetzerin Clara Katharina Pollaczek, der dreizehn Jahre jüngeren Freundin – denn ohne die Nähe einer Frau, auch wenn er sie nicht wirklich liebt, kann Schnitzler nicht leben –, schreibt er am 28. Juli 1928 aus Venedig: »Jeder Satz den ich beginnen will, zerbricht an seiner Unzulänglichkeit; und das Wort Schmerz ist lächerlich geworden, denn nun weiß ich, daß ich das erste Mal erlebe, was Gott damit gemeint hat.« Am 21. August wendet er sich aus Hohenschwangau an Clara: »Vergeblicher Versuch zu arbeiten; völlige Verödung... der Gram den keiner fassen kann – nicht einmal ich selbst – ist immer da.« Zehn Tage später: »Ich habe den besten Willen, mein Leben mit möglichst viel Sinn weiterzuführen; du kannst mir dazu helfen.«

Und er arbeitet weiter. Im Sommer 1929 schreibt er noch an dem Drama *Im Spiel der Sommerlüfte*, das am 21. Dezember am Wiener Volkstheater uraufgeführt wird. »Wissen das Hochwürden ganz bestimmt, welches der richtige Weg ist? Mein rechter Weg?« fragt in diesem Stück Josefa, die kluge und jugendliche Frau des behäbigen, erfolgreichen Bildhauers Vincenz Friedlein und Mutter eines siebzehnjährigen Sohnes den Kaplan, der im Grunde seiner Seele selbst ein Zweifler ist und »Neid auf das Leben... mit seiner Vielfältigkeit, mit seinen Abenteuern, mit seinen Gefahren« hat. Alle Personen dieses Dramas, die sich während eines Ferienaufenthaltes in ländlichen Sommerlüften ergehen, verbleiben aber in einem inneren Schwebezustand, so daß ihre Sehnsüchte und Wünsche sich zu keiner dramatischen Handlung steigern. Dem Dreiakter wurde deshalb auch nicht mehr als ein Achtungserfolg zuteil. Sein Charme aber liegt in einer Art des Atmosphärischen, die an die Kunst Tschechows oder Turgenjews erinnert, so daß Schnitzler selbst über dieses Stück meinte: »Die Russen könnten es spielen.«

Bei aller Ablenkung durch die Arbeit: immer wieder steht die Katastrophe des Sommers 1928 vor Schnitzlers Augen. Am 3. Oktober 1929 notiert er im Tagebuch: »Mit jenem Julitag war mein Leben doch zu Ende. Die andern wissens nicht – und manchmal ich selber auch nicht.« Er hat nur noch zwei Jahre zu leben.

Auf dem Spielplan des Burgtheaters steht am 14. Februar 1931 die Premiere eines Stückes, das schon vor zehn Jahren geschrieben wurde: des fünfaktigen Dramas *Der Gang zum Weiher*. »Auch Leid ist Gnade«, gibt darin das Mädchen Leonida, die nixenhafte Tochter des Kanzlers eines fiktiven Reiches, die des Nachts zu heidnischem Ritual hinunter zum abgeschiedenen Schloßweiher huscht, dem alternden Dichter Sylvester zu bedenken. Das in der Mitte des 18. Jahrhunderts angesiedelte Versdrama bezieht seinen Zauber aus einer merkwürdigen Mischung melancholisch umflorter Erinnerungsbilder, metaphysischer Betrachtungen und realistischer Handlungsabläufe im Rahmen einer erdichteten historischen Situation. Dem Versinken aber in den Fluten des Irrealen, dem Untergang der Ratio im Unfaßbaren, das als Vorherbestimmtes verantwortliches Handeln zur Farce machen würde, setzt Schnitzler – auch wenn sein Sylvester den Tod im dunklen Weiher sucht – sein tapferes Festhalten an der Verteidigung aufklärerischer Bastionen und humaner Selbstbestimmung entgegen. Sylvesters Freund, der Kanzler Albrecht Freiherr von Mayenau (Ewald Balser spielte seine Rolle), sagt es mit Emphase:

»Wär' ich mir nicht bewußt,
Daß ich am Schicksalssturm, den ich durchsause,
Mit jedem freien Atem auch in mir
Die gleiche Schicksalskraft entzünde, – wahrlich,
Mich litt's nicht einen Tag in solcher Welt,
Die nichts von Schuld und doch von Sühne wüßte,
Nichts vom Verdienst und doch vom Lohn der Tat;
Wo jedes Heut sein Morgen in sich trüge –
Lebendig-totes, fertiges Gebild;
Wo nicht der Jäger sich sein Wild erspähte,
Doch wo sich Wild und Jäger, Herz und Pfeil,
Wo Mörder sich und Opfer finden *müßten*,
Verfall'n von Urzeit her, von dunkler Macht,
Einander zugeschleudert durch den Raum.
Glaubst du an solche Welt? Ich kann es nicht.«

Schnitzler freut sich zwar noch über die Aufführung seines Dramas am Burgtheater, dessen Atmosphäre er seinem Sohn gegenüber lobt, doch es ist still um ihn geworden. Seine Einsamkeit wächst. Schon in dem 1927 erschienenen Aphorismusband *Buch der Sprüche und Bedenken* hatte er festgehalten: »Wie einsam du zeitlebens gewesen bist, das kannst du nie völlig erfassen und wirst es nie...«
Im August 1931 trifft er im oberösterreichischen Gmunden am Traunsee ein letztes Mal mit seiner geschiedenen Frau, mit Heinrich und Schwiegersohn Arnoldo zusammen. Olga Schnitzler erinnert sich: »Da sah ich ihn von weitem kommen, ohne Hut – die

Hände auf dem Rücken, das graue, lockere Haar, vom Wind aufwärts geweht – die Stirn, die Augen, der ganze schöne Kopf schien himmelwärts zu streben – der Körper, schwer geworden, gleichsam kleiner, sah aus, als wüchse er in die Erde. Das sah so erschütternd aus, daß ich weinte und, vor ihm stehend, seine Hände nahm und küßte.«
Am frühen Abend des 21. Oktober 1931 stirbt Arthur Schnitzler nach einer Gehirnblutung in seinem Wiener Haus.
Wer seine letzte Ruhestätte sucht, findet sie im Wiener Zentralfriedhof nicht unter den monumentalen Ehrengräbern, sondern weitab davon in der israelitischen Abteilung, am äußersten Rand eines Gräberfeldes mit hebräischen Inschriften auf vielen verfallenen Steinen. Auf einer schlichten quadratischen Granitplatte lesen wir nur:

ARTHUR SCHNITZLER
15. Mai 1862 – 21. Oktober 1931

Darunter die Namen und Lebensdaten seines Bruders Julius und seines Sohnes Heinrich. Links neben Schnitzlers Grab befindet sich das von Friedrich Torberg, der einmal sagte, daß es noch lange dauern werde, bis wir hinter den zeitbedingten Voraussetzungen von Schnitzlers Problemen deren zeitlose Gültigkeit begreifen würden. Dann aber »wird auch Arthur Schnitzler erkannt sein, in seiner ganzen Größe und Weisheit, im kunstvollen con sordino seiner dichterischen Instrumentation, ein Diagnostiker der Seele und Therapeutiker des Lebens, der bescheidenste im erlauchten Kreis der Meister, einer der bedeutendsten Untertreiber der Weltliteratur«.
An Wintertagen, wenn in den Schnee über den Gräbern die Abdrücke zahlreicher Krähenfüße wie magische Signaturen eingezeichnet sind und sich das Krächzen der Vögel mit dem metallischen Geräusch der Straßenbahn mischt, die ganz nahe hinter einem der hohen Friedhofsgitter auf der Simmeringer Landstraße vorüberfährt, dann hat das etwas Traumhaft-Unwirkliches, und doch liegt vielleicht gerade darin die höhere Wirklichkeit.

Quellen und Literatur

I. Quellen

Schnitzler, Arthur: *Gesammelte Werke* in Einzelausgaben, S. Fischer Verlag, Frankfurt a. M. – *Die Erzählenden Schriften,* 2 Bände, 1970. *Die Dramatischen Werke,* 2 Bände, 1972.

– *Jugend in Wien. Eine Autobiographie.* Hrsg. von Therese Nickl und Heinrich Schnitzler. Mit einem Nachwort von Friedrich Torberg. Fischer Taschenbuch Verlag, Frankfurt a. M. 1988.

– *Briefe 1913-1931.* Hrsg. von Peter Michael Braunwarth, Richard Miklin, Susanne Pertlik und Heinrich Schnitzler. S. Fischer Verlag, Frankfurt a. M. 1984.

– *Tagebuch 1893-1902.* Hrsg. von der Kommission für literarische Gebrauchsformen der Österreichischen Akademie der Wissenschaften und von Werner Welzig. Verlag der Österreichischen Akademie der Wissenschaften, Wien 1989.

– *Beziehungen und Einsamkeiten.* Aphorismen ausgewählt von Clemens Eich. Fischer Taschenbuch Verlag, Frankfurt a. M. 1987.

– *Medizinische Schriften.* Hrsg. und mit einem Vorwort von Horst Thomé. Paul Zsolnay Verlag, Wien/Darmstadt 1988.

II. Literatur (in knapper Auswahl)

Baumer, Franz: *Ludwig Anzengruber. Volksdichter und Aufklärer. Ein Lebensbild.* Murnau 1989.

Kraus, Karl: *Die demolirte Litteratur.* Reihe Deutsche Satiren, Band 4. Steinbach/Gießen 1972.

Reik, Thomas: *Arthur Schnitzler als Psycholog.* Minden 1913.

Rey, William H.: *Arthur Schnitzler. Die späte Prosa als Gipfel seines Schaffens.* Berlin 1968.

Salamander, Rachel (Hrsg.): *Die jüdische Welt von Gestern 1860-1938. Text und Bildzeugnisse aus Mitteleuropa.* Mit Textbeiträgen von Schalom Ben-Chorin, Marcel Reich-Ranicki, Joachim Riedl und Julius Schoeps. Verlag Christian Brandstätter, Wien 1990.

Scheible, Hartmut: *Arthur Schnitzler.* Rowohlts Monographien, Reinbek 1986.

Schnitzler, Heinrich/Brandstätter, Christian/Urbach, Reinhard: *Arthur Schnitzler. Sein Leben. Sein Werk. Seine Zeit.* Frankfurt a. M. 1981.

Schnitzler, Olga: *Spiegelbild der Freundschaft.* Salzburg 1962.
Urbach, Reinhard: *Arthur Schnitzler.* Velber 1968.
– *Schnitzler-Kommentar zu den erzählenden Schriften und dramatischen Werken.* München 1974.
Wagner, Renate: *Frauen um Arthur Schnitzler.* Fischer Taschenbuch Verlag, Frankfurt a. M. 1983.
– *Adele Sandrock und Arthur Schnitzler. Geschichte einer Liebe.* Fischer Taschenbuch Verlag, Frankfurt a. M. 1983.
– *Arthur Schnitzler. Eine Biographie.* Fischer Taschenbuch Verlag, Frankfurt a. M. 1984.
– und Brigitte Vacha: *Wiener Schnitzler-Aufführungen 1891-1970.* München 1971.

Zeittafel

mit ausgewählten Daten von Theaterpremieren und Veröffentlichungen

1862 Arthur Schnitzler am 15. Mai in Wien geboren.
1871 Besuch des Akademischen Gymnasiums in Wien (bis 1879).
1879 Ab Herbst Medizinstudium in Wien.
1880 Erste Veröffentlichungen: *Liebeslied der Ballerine* und *Über den Patriotismus* (Aufsatz) in *Der Freie Landbote*, München.
1882 Ab 1. Oktober Einjährig-Freiwilliger im Wiener Garnisonsspital Nr. 1.
1883 Nach bestandener Offiziersprüfung wieder Zivilist.
1885 Promotion zum Dr. med. (30. Mai). Ab September Assistenzarzt im Allgemeinen Krankenhaus, ab Oktober in der Poliklinik (Abteilung Nervenpathologie), Wien.
1886 Sekundararzt in der psychiatrischen Abteilung bei Theodor Meynert (ab 1. November). – In Meran Begegnung mit Olga Waissnix, der ›Thalhof‹-Wirtin von Reichenau. – Veröffentlichung von Gedichten und Prosa.
1887 Ab 1. Januar Redakteur der *Internationalen Klinischen Rundschau.*
1888 Studienreisen nach Berlin und London. – Veröffentlichung des Lustspiels *Das Abenteuer seines Lebens* und der *Londoner Briefe*. – Ärztliche Anwendung von Suggestion und Hypnose.
1889 Beginn der Beziehung zu Marie (Mizi) Glümer. – Veröffentlichung der Erzählungen *Amerika*, *Der Andere*, *Mein Freund Ypsilon* und der *Silvesterbetrachtungen* sowie des Einakters *Episode* (aus dem *Anatol*-Zyklus.)
1890 Veröffentlichung des dramatischen Gedichts *Alkandis Lied* sowie der *Anatol*-Einakter *Die Frage an das Schicksal* und *Anatols Hochzeitsmorgen*. – Aufnahme in den Literaturkreis ›Jung Wien‹ und Bekanntschaft u. a. mit Hugo von Hofmannsthal, Felix Salten, Richard Beer-Hofmann und Hermann Bahr.
1891 Premiere des Lustspiels *Das Abenteuer seines Lebens* am 13. Mai im Theater in der Josefstadt, Wien. – Veröffentlichung des Schauspiels *Das Märchen* (als Bühnenmanuskript), der *Anatol*-Einakter *Denksteine* und *Weihnachtseinkäufe* sowie der Erzählung *Reichtum*.
1892 Veröffentlichung von *Der Sohn: Aus den Papieren eines Arztes* (Grundlage des späteren Romans *Therese*) und des gesamten *Anatol*-Zyklus mit einem Prolog von Loris (Pseudonym von H. v. Hofmannsthal).
1893 Tod des Vaters am 2. Mai. Eröffnung einer Privatpraxis. – Premieren des *Anatol*-Einakters *Abschiedssouper* am 14. Juli im

Stadttheater Bad Ischl und des Schauspiels *Das Märchen* am 1. Dezember im Deutschen Theater in Wien.

1894 Marie Reinhard tritt in Schnitzlers Leben. – Veröffentlichung der Erzählungen *Blumen*, *Die drei Elixiere* und *Sterben* sowie Buchausgabe von *Das Märchen*.

1895 Premiere von *Liebelei* am 9. Oktober im Burgtheater Wien.

1896 Premiere von *Die Frage nach dem Schicksal* (aus *Anatol*) am 26. Januar im Carola-Theater in Leipzig und *Liebelei*-Aufführung am 4. Februar im Deutschen Theater in Berlin, am selben Theater Premiere des Dramas *Freiwild* am 3. November. – Im Sommer Nordlandreise und Besuch bei Henrik Ibsen in Christiania.

1897 Olga Waissnix stirbt am 4. November. – Veröffentlichung der Novellen *Die Frau des Weisen*, *Der Ehrentag* und *Die Toten schweigen* sowie des Einakters *Halbzwei*. – *Freiwild*-Aufführung am 27. November in Prag.

1898 Premieren der *Anatol*-Einakter *Weihnachtseinkäufe* (am 13. Januar in den Wiener Sofien-Sälen) und *Episode* (am 16. Januar im Ibsen-Theater in Leipzig) sowie des Schauspiels *Das Vermächtnis* (am 30. November am Wiener Burgtheater). – Im Sommer Fahrradtour durch Österreich, die Schweiz und Oberitalien.

1899 Marie Reinhard stirbt am 18. März. Im Juli Begegnung mit Olga Gussmann, seiner späteren Frau. – Premiere der Einakter *Paracelsus*, *Die Gefährtin*, *Der grüne Kakadu* am 1. März im Burgtheater. – Am 27. März Bauernfeld-Preis für Novellen und dramatische Arbeiten.

1900 Premiere des Dramas *Der Schleier der Beatrice* am 1. Dezember im Lobe-Theater in Breslau. – Veröffentlichung der Erzählungen *Der blinde Geronimo und sein Bruder* und *Leutnant Gustl*. Der berühmte *Reigen* wird als unverkäufliches Manuskript für Freunde auf eigene Kosten gedruckt.

1901 Wegen *Leutnant Gustl* wird Schnitzler der Offiziersrang abgesprochen. – Veröffentlichung der Erzählung *Frau Berta Garlan* und *Sylvesternacht*.

1902 Am 9. August Geburt des Sohnes Heinrich. Im Oktober mit Otto Brahm bei Gerhart Hauptmann in Agnetendorf zu Besuch. – Premiere des Einakterzyklus *Lebendige Stunden* (mit *Die Frau mit dem Dolche*, *Die letzten Masken*, *Literatur*) am 4. Januar im Deutschen Theater in Berlin. – Veröffentlichung der Erzählungen *Die Fremde*, *Andreas Thameyers letzter Brief*, *Die griechische Tänzerin* und *Exzentrik*.

1903 Am 17. März Bauernfeld-Preis für den Zyklus *Lebendige Stunden*. – Schnitzler heiratet am 26. August Olga Gussmann, die Mutter seines Sohnes Heinrich. – Premiere des Einakters *Der Puppenspieler* am 12. September im Deutschen Theater in Berlin.

1904 Premieren des Schauspiels *Der einsame Weg* am 13. Januar im Deutschen Theater in Berlin und des Puppenspiels *Der tapfere Cassian* am 22. November im Kleinen Theater in Berlin. – Erzählung *Das Schicksal des Freiherrn von Leisenbohg* veröffentlicht.

1905 Premiere der Komödie *Zwischenspiel* am 12. Oktober im Burgtheater. – Veröffentlichung der Erzählungen *Das neue Lied* und *Die Weissagung*.

1906 Premieren des Schauspiels *Der Ruf des Lebens* am 24. Februar im Lessing-Theater in Berlin und des Lustspieleinakters *Zum großen Wurstel* am 16. März im Wiener Lustspiel-Theater im Prater (seit 4. April im Theater in der Josefstadt).

1907 Veröffentlichung der Erzählungen *Die Geschichte eines Genies* und *Der tote Gabriel*.

1908 Grillparzer-Preis für *Zwischenspiel*. – Veröffentlichung des Romans *Der Weg ins Freie* und der Erzählung *Der Tod des Junggesellen*.

1909 Geburt der Tochter Lili am 13. September. – Premiere der Komödie *Komtesse Mizzi oder der Familientag* am 5. Januar im Deutschen Volkstheater Wien.

1910 Im Sommer Einzug in das eigene Wiener Haus in der Sternwartestraße 71 im Stadtbezirk Währing. – Premieren von *Der Schleier der Pierette*, einer Pantomime mit Musik von E. v. Dohnányi (am 22. Januar im Königlichen Opernhaus Dresden) und der dramatischen Historie *Der junge Medardus* (am 24. November im Burgtheater).

1911 Tod der Mutter am 9. September. – Premiere der Tragikomödie *Das weite Land* am 14. Oktober im Lessing-Theater in Berlin, gleichzeitig an sieben weiteren Theatern (in Breslau, München, Prag, Leipzig, Hannover, Bochum und Wien/Burgtheater). – Veröffentlichung der Erzählungen *Die dreifache Warnung*, *Der Mörder*, *Die Hirtenflöte* und *Das Tagebuch der Redegonda*.

1912 Premieren des Zyklus *Marionetten* (mit den Einaktern *Der Puppenspieler*, *Der tapfere Cassian* und *Zum großen Wurstel*) am 10. Februar im Deutschen Volkstheater in Wien und der Charakterkomödie *Professor Bernhardi* am 28. November im Kleinen Theater in Berlin. – Zum 50. Geburtstag erscheinen bei S. Fischer die *Gesammelten Werke in zwei Abteilungen* (drei Bände *Erzählende Schriften* und vier Bände *Theaterstücke*).

1913 Veröffentlichung der Erzählung *Frau Beate und ihr Sohn*.

1914 Raimund-Preis für *Der junge Medardus*.

1915 Premiere der *Komödie der Worte* (mit den Einaktern *Stunde des Erkennens*, *Große Szene* und *Das Bacchusfest*) am 12. Oktober im Wiener Burgtheater, gleichzeitig am Neuen Theater in Frankfurt am Main und am Hoftheater in Darmstadt.

1917 Premiere der Komödie *Fink und Fliederbusch* am 14. November im Deutschen Theater in Wien. – Veröffentlichung der Erzählung *Doktor Gräsler, Badearzt.*

1918 Nach Abschaffung der Zensur wird *Professor Bernhardi* auch in Österreich aufgeführt, am 21. Dezember im Deutschen Volkstheater in Wien. – Veröffentlichung der Novelle *Casanovas Heimfahrt.*

1920 Premieren des Lustspiels *Die Schwestern oder Casanova in Spa* am 26. März im Burgtheater und des *Reigen* am 23. Dezember im Kleinen Schauspielhaus in Berlin. – Wiener Volkstheaterpreis für *Professor Bernhardi* im Oktober.

1921 Österreichische Erstaufführung des *Reigen* am 1. Februar in den Kammerspielen in Wien. Nach Tumulten in Wien: einjähriges Aufführungsverbot des Stückes (bis 17. Februar 1922). Organisierter Skandal auch in Berlin während einer *Reigen*-Aufführung am 27. Februar. – *Anatol* als Stummfilm in den USA. – 26. Juni: Ehescheidung.

1922 Sigmund Freuds Brief zum 60. Geburtstag Schnitzlers. Erstes längeres Zusammentreffen des Dichters mit dem Begründer der Psychoanalyse.

1923 *Der Junge Medardus* als Stummfilm in Wien.

1924 Premiere der *Komödie der Verführung* am 11. Oktober im Burgtheater. – Veröffentlichung der Erzählung *Fräulein Else.*

1925 Veröffentlichung der Erzählung *Die Frau des Richters* und der *Traumnovelle.*

1926 Letzte Begegnung mit Sigmund Freud am 27. Dezember in Berlin. – Veröffentlichung der dramatischen Dichtung *Der Gang zum Weiher* und der Novelle *Spiel im Morgengrauen.* – Überreichung des Burgtheaterringes an Schnitzler am 21. Juni.

1927 *Liebelei* als Stummfilm in Berlin. – Veröffentlichung des Aphorismenbandes *Buch der Sprüche und Bedenken* und des Essaybandes *Der Geist im Wort und der Geist in der Tat.*

1928 *Freiwild* als Stummfilm in Berlin. – Veröffentlichung des Romans *Therese: Chronik eines Frauenlebens.* – 26. Juli: Selbstmord der Tochter Lili in Venedig.

1929 Premiere des Dramas *Im Spiel der Sommerlüfte* am 21. Dezember im Deutschen Volkstheater in Wien. – *Fräulein Else* (mit Elisabeth Bergner und Albert Steinrück) als Stummfilm in Berlin.

1931 Premiere des Dramas *Der Gang zum Weiher* am 14. Februar im Burgtheater. – In den USA kommt *Daybreak* (*Spiel im Morgengrauen*) als Tonfilm heraus. – Veröffentlichung der Novelle *Flucht in die Finsternis.* – Am 21. Oktober stirbt Arthur Schnitzler an den Folgen einer Gehirnblutung in Wien.

Inhalt

Arthur Schnitzler

»Für mich werden Ihre Werke immer selbstbewußter, immer näher der Wahrheit, immer weiter vom Illusionären, das doch immer mit Jugend und Träumerei zusammenhängt.«

Stefan Zweig an Arthur Schnitzler, 23. Mai 1913

Casanovas Heimfahrt
Erzählungen. Band 1343

Der blinde Geronimo und sein Bruder
Erzählungen 1900-1907
Band 9404

Doktor Gräsler, Badearzt
Erzählung 1914
Band 9407

Flucht in die Finsternis
Erzählungen 1917
Band 9408

Frau Berta Garlan
Erzählungen 1899-1900
Band 9403

Die Frau des Richters
Erzählungen 1923–1924
Band 9409

Fräulein Else und andere Erzählungen
Band 9102

Die Hirtenflöte
Erzählungen 1909-1912
Band 9406

Ich
Erzählungen
Band 9411

Komödiantinnen
Erzählungen 1893-1898
Band 9402

Reigen/Liebelei
Vorwort von Günther Rühle. Nachwort von Richard Alewyn
Band 7009

Spiel im Morgengrauen
Erzählung. Band 9101

Sterben
Erzählungen 1880-1892
Band 9401

Therese
Chronik eines Frauenlebens
Band 9412

Traumnovelle
1925. Band 9410

Der Weg ins Freie
Roman 1908
Band 9405

Jugend in Wien
Eine Autobiographie
Band 2068

Medizinische Schriften
Mit einem Vorwort von Horst Thomé
Band 9425

KÖPFE DES 20. JAHRHUNDERTS

Theodor W. Adorno
Stefan Andres
Ingeborg Bachmann
Samuel Beckett
Werner Bergengruen
Thomas Bernhard
Heinrich Böll
Bert Brecht
Hermann Broch
Elias Canetti
Hans Carossa
Paul Celan
Joseph Conrad
Friedrich Dürrenmatt
Albert Einstein
Max Frisch
Erich Fromm
Federico García Lorca
Stefan George
Günter Grass
Romano Guardini
Otto Hahn
Peter Handke
Werner Heisenberg
Ernest Hemingway
Hermann Hesse
Max Horkheimer
Ödön von Horváth
Eugène Ionesco
James Joyce
Ernst Jünger
Erich Kästner
Franz Kafka
John F. Kennedy
Martin Luther King
Sarah Kirsch
Siegfried Lenz
Georg Lukács
Heinrich Mann
Thomas Mann
Christian Morgenstern
Eugene O'Neill
Carl von Ossietzky
Ezra Pound
Marcel Proust
E. M. Remarque
Rainer Maria Rilke
Luise Rinser
Romain Rolland
Joseph Roth
Nelly Sachs
Antoine de Saint-Exupéry
Arno Schmidt
Reinhold Schneider
Arthur Schnitzler
Anna Seghers
Alexander Solschenizyn
John Steinbeck
Pierre Teilhard de Chardin
Kurt Tucholsky
Martin Walser
Robert Walser
Max Weber
Frank Wedekind
Ludwig Wittgenstein
Gabriele Wohmann
Christa Wolf
Virginia Woolf
Carl Zuckmayer
Stefan Zweig

COLLOQUIUM VERLAG BERLIN